Condición Física

para

Vivir Mejor

Condición Física
para
Vivir Mejor

12 semanas para adquirir
fuerza mental y física

Bill Phillips
y Michael D'Orso

EDITORIAL DIANA
MEXICO

1a. Edición, Octubre de 2001
3a. Impresión, Enero de 2003

El programa Condición Física para Vivir Mejor está dirigido a adultos saludables, de 18 años en adelante. Este libro sólo tiene propósitos informativos y educativos y de ninguna manera pretende proporcionar consejos médicos, por lo que deberá consultar a un doctor u otro profesional de la salud antes de empezar la práctica de cualquier programa de ejercicios, nutrición o suplementos alimenticios, así como si tiene alguna pregunta acerca de su estado de salud. Las personas que se mencionan en el libro compitieron por dinero en efectivo y otros premios en un evento para adquirir condición física patrocinado por EAS y han recibido motivación y apoyo de esta asociación. Todos ellos lograron resultados extraordinarios; sin duda, sus resultados no son los "típicos". Sus historias de éxito representan ejemplos extraordinarios de lo que se puede lograr a través de un sistema integral de ejercicios, nutrición y suplementos alimenticios. Así como las personas difieren física y mentalmente entre sí, sus resultados también, incluso cuando ponen en práctica un mismo programa.

DERECHOS RESERVADOS
©

ISBN: 968-13-3420-5

Título original: BODY FOR LIFE: 12 WEEKS TO MENTAL AND PHYSICAL STRENGTH

Traducción: Margarita Díaz Mora y Martha Leticia Escalona.

Diseño: Brian Harvat.

Copyright © 1999 by 11th Vision, L.L.C.
Published by arrangement with HarperCollins Publishers, Inc.

Copyright © 2001 por Editorial Diana, S.A. de C.V.
Arenal 24 – Edificio Norte
Ex Hacienda Guadalupe Chimalistac
01050, México, D.F.

www.editorialdiana.com.mx

A todos los héroes de la vida real, en cuyos caminos he tenido la suerte de cruzarme. Su firme determinación para transformar cualquier adversidad en energía positiva y enfrentar el desafío más importante de todos (la vida) es mi inspiración. Este libro no sólo está dedicado a ustedes. Es su creación.

Contenido

Reconocimientos

Este libro no es el fin de algo, sino sólo el principio... para usted, para mí y para todos los hombres y mujeres que me han ayudado a darle forma y a expresar el conocimiento compartido en estas páginas.

Entre ellos se encuentra, en primer lugar, mi familia: mi madre, quien desde el primer día (literalmente) ha sido mi mayor admiradora y mejor amiga; mi padre, quien me enseñó a adoptar la disciplina, el orden y el aprendizaje; mi hermano, quien al crecer supo cuándo motivarme para que me mantuviera disciplinado y aún lo hace (aunque ya no en el patio de la casa, sino en el gimnasio, donde es muy estricto); mi hermana, quien por mucho es el verdadero pilar intelectual de toda la familia; y Ami Cusack, quien ha estado a mi lado en medio de tantos inconvenientes.

Por lo que respecta a mi vigorosa familia, expreso mi profundo agradecimiento: a Kerry David, cuyo brillo he tenido el privilegio de reflejar cada día; a Jamie Brunner, cuya visión del futuro se ha enfocado en la creación de la comunicación; a John Elway, cuyo ejemplo ha inspirado mi ascenso; a Jim Nagle, cuya fe en este proyecto me ayudó a convertir este sueño en una meta realizada; a Dan Sullivan, el mejor entrenador estratégico que cualquier individualista testarudo podría pedir; y a Kal Yee, por compartir su sabiduría y sus puntos de vista.

También le doy las gracias a Leigh Rauen, procesadora de textos estrella, quien a lo largo de muchas mañanas, tardes y noches, con paciencia y pericia transformó miles de palabras que parecían antiguos jeroglíficos egipcios en las páginas limpias y claras que tiene usted en sus manos; a Sue Daniel-Mosebar y a su equipo de correctores por su atención en los detalles; a Michael Sitzman, por su paciente perseverancia; a Brian Harvat y Chris Monck, por su experiencia dinámica en el diseño; a mi coautor, Mike D'Orso, quien se ha ganado mi más profundo respeto y reconocimiento por ayudarme a compaginar e interpretar la información de toda una vida para que tuviera sentido (por lo menos para él y para mí); a nuestro agente David Black, quien exitosamente ha pasado de ser un atleta veterano al Hércules de bolsillo de la ciudad de Nueva York; y a nuestros editores David Hirshey y Jay Papasan, así como a todo el equipo de HarperCollins, sobre todo a Jane Friedman, cuyo liderazgo y comprensión abrieron la puerta a este libro. También estoy muy agradecido por la visión y el espíritu valeroso de Jeff Stone; su consideración y su fe nunca serán olvidadas.

El programa descrito en este libro ha sido un recorrido gratificante para todos nosotros: un recorrido que continuará mucho tiempo después de que estas palabras hayan sido leídas.

Pruebas del mundo real
Prefacio

No permita que nadie le diga que no puede hacerlo.
Sí puede. Depende de usted. Decídase a hacerlo y siga adelante.

Por Porter Freeman

De la manera en que yo lo veo, la única diferencia entre un surco y una tumba es la profundidad del agujero. Y para la primavera de 1996 yo había excavado un agujero bastante profundo luego de años de comer mal, beber demasiadas cervezas y permanecer sentado en el sofá mirando los deportes por televisión en lugar de participar activamente en ellos.

Me había convertido en una clásica "papa sobre el sillón" y tenía diferentes excusas y razones por las cuales no podía hacer ejercicio: una lesión en el hombro, muchas horas en el trabajo, "empezaré la próxima semana"… hasta que finalmente desperté un día, eché una mirada en el espejo y descubrí que estaba viejo y gordo.

Yo no planeé envolverme en esa gran bola de grasa. No es algo que suceda de la noche a la mañana. No desperté un día, de repente, pesando 120 kilogramos.

Pero sí *abrí* los ojos de repente –por fin– y comprendí que mi cuerpo se había convertido en algo que no sentía que era *yo*. Lo que había dejado que le pasara a mi cuerpo no era algo que permitiría que sucediera con mi trabajo o mis responsabilidades. La negligencia y la pereza no eran actitudes con las que enfrentaba los demás aspectos de mi vida. Ese no *era* yo; al menos no dentro de mi corazón.

Pero esa era la realidad: mi cuerpo estaba descuidado, flácido, gordo.

Por suerte un amigo me ayudó a volver al buen camino. Me proporcionó una copia de un artículo escrito por Bill Phillips y me pidió que lo leyera. Ya en casa me senté al borde de la cama, con una cerveza fría y una bolsa de papas fritas, con la intención de leer aquel artículo antes de acostarme.

Fue la manera en que Phillips terminaba su artículo lo que me impactó. Sus palabras se convirtieron en un desafío directo: "Le he brindado todas las oportunidades y todos los motivos para ponerse en forma. ¡Si no lo hace, bien podría dedicarse a la cría de hormigas!"

Juro que sentí como si Phillips estuviera en la habitación dirigiéndose a mí: "Bueno, Porter, te has permitido llegar a estar tan fuera de forma, que voy a ofrecerte una inyección de cientos de miles de dólares en premios y el conocimiento de cómo lograrlo. ¿Lo vas a hacer o sólo te darás por vencido durante el resto de tu vida?"

Debo haber leído el artículo tres o cuatro veces esa noche, y cada vez que lo leía, me enfadaba más al pensar: "¿Quién es él para decir que voy a dedicarme a la cría de hormigas?" Pero pronto me di cuenta de que en realidad estaba enfadado conmigo mismo por haberme convertido en alguien tan despreciable y comprendí que ya no podía seguir viviendo así. "No estás *viviendo* con 120 kilogramos. Estás muriendo", me dije.

En ese momento tomé la decisión consciente de cambiar mi vida. Finalmente me cansé de estar harto todo el tiempo. Simplemente me harté, me harté, me harté.

Hice a un lado el temor y me enfoqué en aceptar este desafío. Me empeñé en asistir las 12 semanas completas del programa, al igual que antes me empeñaba en comer una rebanada de pay de limón o en tomar una cerveza. Estaba decidido a superar esas 12 semanas o morir en el intento en el gimnasio.

Al principio no vi que hubiera mucho cambio, pero otras personas sí lo notaron y me lo hicieron saber. Estaba tan concentrado en *lograrlo* que no me daba cuenta de las grandes cosas que estaban sucediendo. Una joven en el trabajo se acercó un día y me dijo: "Porter, se te están cayendo los pantalones". No me había percatado de que mi cintura bajó a 90 centímetros (talla 36), y yo seguía usando mis viejos pantalones talla 42. Eso no podía ser posible.

No puedo describir cuánta inspiración se tiene al mirar cómo crecen los músculos y desaparece la grasa. Uno se mira en el espejo como si volviera a encontrarse con un viejo amigo al que estima mucho pero que no ha visto en años.

Seguí con el programa y después de 12 semanas perdí 24 kilos de peso corporal ganando al mismo tiempo mucho más que sólo músculos: tenía más fuerza y energía de lo que había experimentado en toda mi vida y, mejor que eso, recobré lo que sabía que era mi verdadero carácter.

Ahora tengo confianza y estoy encarrilado, pero nunca olvidaré dónde estuve alguna vez. Sé que los malos hábitos nos acechan por siempre. Nunca desaparecen. Siempre estarán ahí, justo a la vuelta de la esquina, amenazándonos y buscando alguna puerta abierta. Si usted es adicto a la comida, al alcohol o los cigarrillos, o incluso si es adicto a la persona equivocada en su vida, es decir, si tiene un mal hábito de cualquier índole, no creo que eso pueda tan sólo "desaparecer". Si deja de fijarse metas para su futuro, si empieza a vivir otra vez el momento, entonces aquellos malos hábitos volverán a instalarse en su vida.

Aquellas 12 semanas, y los meses y años que han transcurrido desde entonces, me enseñaron una lección que ahora intento compartir con quien desee escucharla:

Cualquiera puede lograr lo que yo, y miles de personas que han seguido el programa de Condición Física para Vivir Mejor, lo han hecho.

No permita que nadie le diga que no puede lograrlo. Sí *puede*. Depende de usted. Decídase a hacerlo y siga adelante. Le aseguro que si alguien de 49 años como yo, que trabajo en un bar y estoy rodeado de casi todas las cosas que son nocivas para la buena salud, puedo hacerlo, cualquiera puede. ¡No espere a sufrir un ataque al corazón antes de recordar que tiene un cuerpo que cuidar!

Existen muchas personas que creen que tienen demasiado sobrepeso o que están muy débiles o muy viejas para conseguir una buena figura. Existen también personas que creen que todos los que acuden a un gimnasio tienen una condición "perfecta". Pero eso no es verdad. Todas las personas que van al gimnasio tuvieron que empezar algún día, como todo el mundo. Al principio de aquellas 12 semanas cuando me sentía incómodo o fuera de lugar en el gimnasio, me miraba al espejo y me decía: "Estás aquí porque no quieres seguir viéndote así". Me sentía mucho más incómodo en ese cuerpo lleno de grasa que en el gimnasio.

Antes de esas 12 semanas nunca hubiera creído que podía acostarme en una alfombra roja y decirle a alguien: "Ven, ponte saludable junto conmigo". Pero aquí estoy, y todos los días hablo con personas que quieren verse y sentirse mejor. Algunos sienten como si estuvieran viviendo en el infierno. Creen que no podrán soportar ni un día más. Pero yo sé, y se los digo, que pueden sentirse tan bien como yo. Pueden dar esa vuelta en "U". *Cualquiera* puede cambiar su cuerpo y su vida con este programa.

He decidido pasar el resto de mi vida ayudando a otras personas a volverse saludables. Es la mejor sensación que uno puede imaginar. Voy a estar en forma por el resto de mi vida. Y cuando llegue "ese momento" me gustaría que el Señor me mirara y dijera: "Vaya Porter, te ves muy bien. Has seguido el programa, ¿no es así?"

La promesa

Prólogo

No importa quién sea usted, no importa lo que haga,
absoluta y positivamente tiene el poder de cambiar.

¿Cómo lo convencería para que me permitiera ayudarlo a construir el mejor cuerpo que jamas haya tenido, en tan sólo 12 semanas?

¿Qué pasaría si yo le proporcionara una rutina de ejercicios específica y un plan de nutrición que ha demostrado producir resultados sorprendentes en decenas de miles de personas provenientes de todas las clases sociales y actividades, desde celebridades de Hollywood y atletas campeones del mundo, hasta amas de casa, comerciantes, marinos, ministros y millonarios?

¿Qué pasaría si le mostrara con precisión cómo llevar a cabo una extraordinaria transformación física invirtiendo *menos del cinco por ciento* de su tiempo disponible cada día?

¿Y qué sucedería si le prometiera ser su "entrenador para el triunfo" durante cada paso del proceso, ayudándolo a descubrir su verdadero potencial, guiándolo para no perder el rumbo, aconsejándole cómo evitar recaídas y básicamente haciendo todo lo que esté de mi parte para ayudarle a lograr su objetivo de construir un cuerpo mejor?

¿Qué pensaría si le dijera que algunos médicos han seguido el programa Condición Física para Vivir Mejor para bajar el colesterol, reducir el riesgo de enfermedades cardiacas, retroceder las manecillas del reloj y posiblemente hasta para borrar los años de abandono en que vivían, en tan sólo 12 semanas?

¿Qué pasaría si le prometiera enseñarle a conseguir el cuerpo que siempre ha deseado, sin tener que voltear de cabeza su vida para lograrlo, sin tener que pasar todo su tiempo libre en un gimnasio, realizando horas de aburrido ejercicio aeróbico y pasando hambre? Incluso le mostraré cómo perder grasa mientras disfruta de sus comidas favoritas como la pizza, la pasta y el pastel de manzana con helado.

Y no sólo eso: imagine despertar por la mañana, mirarse al espejo y sentirse francamente *entusiasmado* ante lo que ve. Imagine *no* tener que esconderse bajo suéteres holgados. Imagine su armario repleto de ropa que revele su nueva figura.

Imagine que en sólo 12 semanas a partir de hoy usted pudiera tener la energía suficiente para salir todas las mañanas con la confianza de que puede hacer todas las cosas que se ha propuesto, con la certeza de que tomará la decisión correcta en el momento apropiado, sabiendo que puede recobrar el control sobre *cualquier cosa* que se proponga en este mundo.

Bueno, pues usted *puede* lograrlo. Y no importa si tiene 22 años o 62, si es hombre o mujer, si tiene buena condición física o no. No importa quién sea usted, yo le aseguro que *tiene* el poder de cambiar.

Pregúnteles a los hombres y mujeres cuyas vidas han cambiado gracias al programa descrito en estas páginas. Ellos aceptaron mi ayuda, y de todos y cada uno resultó un ganador. Terminaron esas 12 semanas con un cuerpo más saludable y con una vida nueva y excitante. *Ellos* son la prueba viviente, que respira, camina y habla, de que el programa Condición Física para Vivir Mejor también puede cambiar *su* vida.

Así que, ¿ya está dispuesto a permitirme que le ayude?

Cuando conteste "¡sí!" a esta pregunta, no sólo estará dando un gran paso, sino que estará dando un enorme *salto* para ganar el control total sobre su cuerpo y sobre su vida, para dar finalmente rienda suelta a su verdadero potencial en cada uno de los aspectos de su existencia.

El proceso para crear *su* nueva Condición Física para Vivir Mejor empieza en el momento en que usted se decida a voltear la siguiente hoja del libro.

Condición Física
para
Vivir Mejor

El logro
Parte I

Cuando obtiene el control sobre su cuerpo,
obtiene el control sobre su VIDA.

Hace un par de años asistí a una convención sobre acondicionamiento físico en Atlanta. Este es uno de los pocos eventos de la industria a los que asisto y, por consiguiente, es una de las pocas ocasiones en las que puedo estar cara a cara con un gran número de mis lectores. Durante el curso de ese fin de semana, cientos de hombres y mujeres que se hicieron seguidores ávidos de mi revista se acercaron para saludarme y conversar conmigo. Lo que más me impresionó acerca de esta experiencia, algo que me *consternó* totalmente, fue que todas estas personas estaban notoria e increíblemente *fuera* de forma.

No me mal interpreten, disfruté la reunión con *toda* esta gente; muchos de ellos habían estado leyendo mi trabajo durante años. Incluso reconocí algunos nombres. Ese fin de semana creo que me encontré con aproximadamente 600 de mis alumnos. Quizá unos 80 se veían con buena condición física, pero los demás, quienes habían recibido la *misma* información sobre ejercicio y nutrición, lucían como... bueno, *como si nunca antes hubieran tenido la oportunidad de aprender algo acerca de cómo conseguir una buena figura.*

En el vuelo de regreso a casa me angustié por lo que había experimentado ese fin de semana. Supe entonces, en ese lugar, que para llegar a ser un mejor maestro tenía que crear una solución que no sólo ayudara a estas personas a

1

conseguir la información, sino también a que *la pusieran en práctica.* Sabía que podía ayudar a todas esas personas. Sabía que esa era mi responsabilidad.

Cualquiera que me conozca o que esté familiarizado conmigo a través de mis escritos, sabe que creo firmemente que una mente fuerte y saludable reside en un cuerpo fuerte y saludable. Esto, amigos míos, es un hecho. Cuando veo a hombres y mujeres que están fuera de forma, veo vidas que no se viven con plenitud. Observo un potencial perdido. Me doy cuenta de que esas personas necesitan alguien que les ayude a convencerse de que *pueden* verse y sentirse mejor. Eso es lo que veo.

Usted no puede simplemente escapar de esta realidad: su cuerpo es el epicentro de su universo. No puede ir a ninguna parte sin él. Realmente es el templo de su mente y de su alma. Si está jorobado, flácido y envejecido prematuramente, otros aspectos de su vida empezarán a decaer también.

No creo que nadie en este mundo se proponga llegar a estar gordo y desmejorado, así como nadie decide encontrarse solo o pobre. Sin embargo, lo que sucede es que en algún momento, lenta y gradualmente, incluso sin estar conscientes de ello, nos damos por vencidos. Vamos renunciando, uno por uno, a nuestros valores y a nuestros sueños. Cuando las personas dejan sus cuerpos en el abandono, simplemente se trata del principio del fin.

La noche en que regresé de ese viaje no podía dejar de pensar en ello. ¿Qué podía hacer para ayudar a esas personas a *poner en práctica* sus conocimientos? Me hice esta pregunta una y otra vez. No podía dormir. Finalmente, como a la 1:15 de la mañana, se me ocurrió que lo que necesitaban era un *desafío.* Una competencia. Un incentivo y un trofeo irrechazable: mi Lamborghini Diablo color rojo sangre.

Recordé cuando soñaba que algún día sería dueño de ese automóvil, y que eso me había ayudado tiempo atrás cuando luchaba por crear mi negocio; me ayudó a concentrarme en mi futuro y a exaltar mi deseo cuando más lo necesitaba. Pensé que quizá podría hacer lo mismo con aquellas personas a las que quería ayudar: tal vez podría convertirse, también, en su *fuerza de impulso.* Así que, al día siguiente, ofrecí ese Lamborghini como el "gran premio" del más grande e inigualable concurso de autosuperación que haya existido.

Nadie había tratado de implantar un desafío como éste, pero algo dentro de mí decía que tenía que hacerlo, aunque algunas personas (incluyendo a mi papá, quien también es mi consejero comercial) pensaban que la idea era una locura.

Sin embargo experimenté algo similar a aquella voz que le susurró a Ray Kinsella en la película sobre beisbol *Field of Dreams* (El campo de los sueños): mi instinto me dijo que si realizaba esto, ellos vendrían.

¡Y vaya si vinieron!...

Se inscribieron más de 54 000 personas de todos los orígenes. Policías, cocineros y ejecutivos de alto nivel; padres y abuelos (más unos cuantos bisabuelos); hombres y mujeres que nunca en su vida habían levantado pesas y algunas "ratas de gimnasio" que habían intentado tener una mejor figura durante muchos años. Las solicitudes caían en cascada, aceptando mi desafío.

Se formaron 10 categorías, para que tanto jóvenes como personas mayores, hombres y mujeres por igual, pudieran competir y tener la oportunidad de ganar. Se les pidieron fotografías de "antes y después" y que presentaran un ensayo que describiera de forma general su experiencia y el impacto que ésta había tenido en sus vidas. Un equipo de jueces, incluyéndome, trabajamos día y noche calificando a cada competidor, basándonos en la forma en que cada uno de ellos mejoraba su constitución así como lo bien que expresaban la experiencia en sus ensayos escritos.

Allí, en esos ensayos, fue donde mis expectativas y mi imaginación se desbordaron. Esperaba que al darles un incentivo y desafiarlos a poner en práctica los conocimientos que les ofrecía, podría ayudarles a mejorar sus cuerpos. Y así fue.

Pero eso no es todo. Esas personas estaban logrando una condición física *y* estaban volviendo a poner sus *vidas* en forma. Fue, y aún lo es, una de las experiencias más relevantes de mi vida. Aceptar este desafío volvió a encender la llama del deseo en decenas de miles de personas y consiguió derrumbar esas paredes que les impedían avanzar en todas las áreas de sus vidas.

Muchos de los hombres y mujeres que aceptaron mi desafío informaron que este programa literalmente salvó sus vidas, ya que los riesgos de padecer enfermedades del corazón (actualmente el asesino número uno en Estados Unidos) disminuyeron drásticamente, así como el riesgo de padecer otras enfermedades como diabetes, cáncer y osteoporosis.

Incluso, más allá de eso, los cambios psicológicos y emocionales que reportaron estos hombres y mujeres eran (y siguen siendo) sorprendentes. Describieron progresos fuera de serie en cuanto a la confianza y el respeto que sentían por sí mismos, así como en el vigor que experimentaban. Descubrieron que al tener el control sobre sus cuerpos podían derrumbar las barreras a su alrededor. Los demás se sentían atraídos por ellos. Consiguieron mejores empleos. Tuvieron mayores ingresos. Mejoraron sus relaciones con sus colegas, familiares y amigos. Prosperaron en sus matrimonios. Sus vidas sexuales se hicieron más satisfactorias. Los viejos hábitos, que parecían imposibles de romper, de repente se hicieron fáciles de abandonar.

Y empezaron a comprender que *realmente tenían el poder de ayudar e inspirar a otros* (lo que, en mi opinión, es la razón principal por la que estamos aquí). Es muy simple: se volvieron personas más informadas y más poderosas, en el amplio sentido de estas palabras.

Durante el transcurso de este primer desafío sucedió algo inesperado: empecé a recibir cartas, cientos de ellas, de competidores que ya no *necesitaban* los premios. Explicaban que inicialmente mi automóvil y el dinero fueron su motivación, pero después de unas semanas, en cuanto empezaron a sentir un trato diferente de los demás y ellos mismos comenzaron a *sentirse* diferentes, comprendieron que el más grande y el mejor premio que podían ganar no era nada que *yo* pudiera darles. (Nada, ni aun los 200 000 dólares que valía el automóvil deportivo.)

Virtualmente *todas* las personas que concluyeron las 12 semanas del desafío se sintieron ganadoras. Después de haber tenido la oportunidad de conocer a muchos de ellos a un nivel muy personal, puedo afirmar que estos campeones de la vida real han hecho mucho más para inspirarme que todos los atletas profesionales y las estrellas de cine que conozco. Este comentario puede hacer "volar algunas plumas", pero es verdad.

Podría literalmente seguir sin parar con miles de ejemplos, pero más que examinar la superficie de este increíble equipo de campeonato, creo que sería mejor profundizar en algunos ejemplos específicos.

(A propósito, lo exhorto a que se tome el tiempo necesario para leer estas historias de la vida *real* con mucho *detenimiento*. Estas palabras podrían cambiar su vida. Lo sé, porque ya han cambiado la mía.)

Transformó su tragedia en triunfo

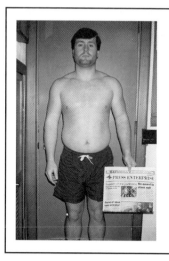

El 11 de noviembre de 1983 la vida de Lynn Lingenfelter cambió para siempre. Tenía 16 años, estaba iniciándose como *defensivo* de futbol americano y era capitán de su equipo en la escuela secundaria de Pennsylvania. Junto con un amigo, ese día se internó en el bosque, cerca de la cabaña de su familia, para practicar la caza menor, algo que ambos muchachos habían hecho docenas de veces antes.

Subían una cuesta en la montaña cuando el amigo de Lynn tropezó. Incluso antes de que Lynn escuchara el estallido del rifle calibre 22 de su compañero, sintió un impacto en la espalda, "como si hubiera sido golpeado con un bate de beisbol". Mientras caía al piso, Lynn observó a su amigo, hincado en tierra con el arma empuñada.

"En ese momento sus ojos estaban mucho más abiertos que los míos", recuerda Lynn, quien se levantó e intentó correr para pedir ayuda. "Caminé aproximadamente 20 metros. Entonces empecé a sentirme muy mal. Sólo veía imágenes en blanco y negro y no podía oír. Tropecé y caí. Honestamente, pensé que moriría. Recuerdo que empecé a rezar 'Dios mío, sálvame... creo que me muero'. Después creo que perdí el conocimiento."

Casi al mismo tiempo, lleno de pánico, el amigo de Lynn corrió para pedir ayuda. Regresó con Mike, el hermano menor de Lynn.

"Me encontraron tirado en el piso, completamente helado y azul. Dicen que no estaba respirando. Por casualidad o por el destino, Mike había aprendido hacía sólo unos días la resucitación cardiopulmonar en su clase de primeros auxilios. Hizo que empezara a respirar de nuevo y me abrazó para mantenerme caliente hasta que los paramédicos llegaron y me llevaron al hospital."

La bala había entrado por la parte baja de la espalda de Lynn, desgarrando sus intestinos, y salió por el frente. Había perdido gran cantidad de sangre mientras permaneció en la colina. Cuando finalmente llegó al hospital, los doctores dijeron a sus familiares que sólo tenía un 50 por ciento de probabilidades de sobrevivir. Le tuvieron que transfundir cerca de 18 litros de sangre para remplazar la que su cuerpo había perdido.

"No recuerdo mucho de lo sucedido en los días que siguieron, excepto que sentía mucho dolor. Me sometieron a una operación tras otra y padecí complicación tras complicación. Estuve internado en el hospital durante casi cinco meses."

Cuando Lynn fue dado de alta, había perdido 23 kilogramos de peso.

"Ni siquiera podía levantar 45 kilos con las pesas. Pero me fijé la meta de volver a estar en forma para cuando comenzara la siguiente temporada de futbol. Los doctores dijeron que eso era *imposible,* lo cual me hizo empeñarme más. Entrené muy duro y mi madre me alimentaba adecuadamente."

Cuando el equipo entró al campo el primer viernes por la noche de la siguiente temporada, Lynn se encontraba entre los jugadores, una vez más como el *defensa* titular. La muchedumbre estaba de pie, gritando con entusiasmo.

"Ese fue uno de los momentos más gratificantes de mi vida. Recuerdo que pensaba que todo lo malo ya había terminado: aquellos momentos difíciles que mi familia y yo tuvimos que sufrir debido al accidente de cacería, y los largos meses sin saber si me recuperaría. Ahora estaba listo para lograr que todo aquello se convirtiera en un lejano recuerdo, y lo conseguimos con el paso del tiempo", explicó Lynn.

Si se tratara de una película escolar vespertina, éste sería el final de la historia. Sube la música y se desvanecen la escenas. Pero Lynn pronto se daría cuenta de que su odisea no había concluido.

"Terminé la secundaria, me comprometí con mi novia Sara y me inscribí en la Universidad Estatal de Pennsylvania. Era el otoño de 1987. Por ese tiempo se difundía entre los médicos la información de que un virus descubierto recientemente parecía conducir a una enfermedad fatal, y uno de los medios de transmisión era la sangre contaminada. Por ello, cualquiera que hubiera recibido sangre en los últimos años debía hacerse una prueba para saber si había contraído dicha enfermedad. Sin pensarlo mucho me presenté al examen, confiando en que sólo se trataba de una formalidad, nada más que eso", comentó Lynn.

Dos semanas después sonó el teléfono de su dormitorio. (Esta enfermedad era nueva en aquel momento y los resultados se daban por teléfono.)

–Lynn –dijo el médico, haciendo una pausa–, has contraído el virus VIH.

Lynn no reaccionó. No sabía *cómo* reaccionar. Una herida de bala, aunque fue una experiencia horrible, era algo que podía aceptar, algo que podía comprender. Pero esto... fuera de lo poco que los doctores le explicaron, ni siquiera sabía lo que era el VIH; sólo sabía que *era* algo grave, sumamente serio.

"Mi experiencia con el balazo me había hecho creer que podía manejar cualquier cosa, que podía salir de cualquier problema. Pero recuerdo que todo lo que podía pensar cuando recibí esa llamada telefónica fue: '¿cómo salgo de esto?'"

Se trataba de una "sentencia de muerte", por lo menos es lo que le dijeron a Lynn. Los doctores opinaron que le quedaban dos años de vida. Quizá tres. La familia de Lynn estaba devastada. Darle la noticia a su novia Sara fue una de las cosas más difíciles por las que tuvo que pasar.

"Tener que decirle a tu novia que estás muriendo, que eres VIH positivo, es algo que no le desearía a nadie en el mundo. Nos encontrábamos esa tarde en su habitación. Recuerdo que regresamos de la calle y le dije: 'Sara, no vas a creer lo que voy a decirte. Mi prueba resultó positiva... tengo el virus'. Fue algo muy doloroso."

"Permanecimos ahí durante horas. Ella lloró tanto que se estremeció de pies a cabeza. Éramos sólo unos muchachos. Estábamos en el segundo año de la universidad. Teníamos nuestras vidas por delante, todo un futuro nos esperaba. Sin embargo, en unos cuantos segundos... todo se había derrumbado."

Durante un tiempo, Sara intentó permanecer junto a Lynn, pero ambos se dieron cuenta de que no había forma de que eso funcionara. Así que cuando Sara lo dejó, Lynn optó por salirse de la escuela.

"En realidad, me salí de la vida. Primero entré en un estado de negación, después me sentí furioso y luego toqué fondo. Estaba muy deprimido. Dormía 15 horas diarias. A veces no podía salir de casa durante una semana. Bebía cerveza, comía alimentos chatarra y pasaba el día viendo televisión."

En poco tiempo Lynn llegó a pesar 105 kilogramos y entonces trató de invertir el proceso, pero no pudo.

"De vez en cuando asistía a reuniones de grupos de apoyo, pero realmente no estaba interesado en eso. Sabía que necesitaba ayuda, pero realmente no la quería. Una de las cosas que he aprendido es que nadie puede ayudarte si tú no has decidido que estás listo para ello."

Lynn también aprendió que el hecho de contarle a los demás que era VIH positivo significaba enfrentarse al temor y al rechazo.

"Recuerdo que cuando uno de mis amigos lo supo, me pidió que nos encontráramos en un restaurante. Conversamos y me dijo: 'Mi familia es lo primero'. Repitió esa frase cuatro o cinco veces. Yo no comprendía lo que quería decir pero resultó que él no quería que fuera a su casa porque tenía miedo de que yo pudiera contagiar a su esposa y a sus hijos."

La reacción de Lynn, como la de tantas personas que se han encontrado en la misma situación, fue absorberse en sí mismo.

"Aprendí que debía mantener mis problemas sólo para *mí*. Ni siquiera admitía lo miserable que me sentía. Ahora puedo ver hacia atrás y darme cuenta de lo equivocado que estaba. Uno de los primeros pasos para superar la adversidad es admitir honestamente cómo se siente uno al respecto y reconocer que existe un problema. Pero en aquel tiempo yo no sabía eso."

Por lo tanto su espiral descendente continuó.

"Estaba enfermo. Me estaba muriendo. Pero no moría a causa del VIH sino por la depresión. En cierto modo, me estaba suicidando. Había construido una prisión para mí y la había llenado de desdicha. Estaba tan consumido por imágenes negativas que no me preocupaba ni por mí ni por nadie de los que estaban a mi alrededor. Todo creció como una bola de nieve. Perdí completamente el control. Me sentía impotente, como si estuviera atrapado en medio de una gran tormenta y no me pudiera mover.

"En el fondo sabía que en realidad no era un perdedor. Sin embargo, me sentía perdido. Estaba esperando la muerte. Los médicos aseguraban que eso era lo único que podía esperar. De modo que eso es lo que hice. Me puse a esperar. Y a esperar. Así pasaron dos años. Luego tres. Después, *nueve*. Y seguí esperando."

Lynn no estaba muerto. Pero tampoco estaba vivo.

"Era una situación muy extraña para vivir. Empecé a creer que quiza este VIH *no* iba a matarme. Y eso me obligó a enfrentarme conmigo mismo y hacerme una pregunta difícil de responder: *¿Cuál es el propósito de mi vida?*"

En ese momento Lynn empezó a buscar respuestas. Empezó a tener sueños "muy reales" de que era un atleta competitivo, que era fuerte y mantenía la esperanza, que su vida se alargaba frente a él como un camino iluminado, en lugar del oscuro túnel en el que estaba viviendo.

"Una mañana, a principios de 1997, desperté de uno de estos sueños, entré al baño y me vi en el espejo. Parecía una piltrafa, me sentía basura, me dije que tenía que cambiar. Era el momento de tomar al toro por los cuernos."

Lynn se dirigió a un gimnasio local y buscó información acerca de cómo volver a ponerse en forma. Una persona que se encontraba en el gimnasio le obsequió una copia de una de mis publicaciones.

"Nunca había estado tan gordo. No sabía qué tipo de nutrición ni qué programa de ejercicios debía seguir. Leía la revista y realmente me gustaba la manera en que estaban escritos los artículos. Sentía como si alguien hablara conmigo y estuviera guiándome.

"No lo comprendí en ese momento, pero lo que estaba descubriendo era algo mucho más que consejos para ponerme en forma. Podía identificarme con el tono, el lenguaje y la intención de los artículos. Más allá de la información, se me estaba enseñando un marco mental, el cual me inspiró más que los predicadores, maestros, doctores o consejeros que intentaran acercarse a mí."

El momento por el que pasaba Lynn no podía ser mejor. Uno de los artículos que eligió en esa primavera incluía la información acerca de mi concurso. La chispa competitiva de Lynn volvió a encenderse.

"Había llegado el momento de demostrar que podía volver a ser un triunfador", exclamó.

Lynn reunió todo lo que había aprendido sobre sí mismo, todas sus emociones acumuladas, y lo llevó consigo al salón de pesas.

"No podía luchar contra el virus del VIH físicamente. Quiero decir que no se le puede dar un puñetazo y derribarlo. Pero cada vez que terminaba un entrenamiento duro, sentía como si le hubiera ganado una batalla. Cada uno de los días en que me apegaba a mi programa alimenticio sentía que daba un paso más para salir del agujero en el que me había metido.

"Al finalizar la primera semana, noté un cambio real. Literalmente me sentía mucho mejor. No era un gran cambio *físico* en ese momento, pero sí un notorio cambio mental. Me sentía muy bien conmigo mismo; había olvidado lo que era esa experiencia."

Finalmente, Lynn estaba seguro de que su vida volvía a tener una dirección.

"Cada día que pasaba adquiría más confianza al saber que caminaba hacia adelante otra vez. Me estaba enfocando en alcanzar una meta de la que pudiera sentirme orgulloso. Incluso, aunque no ganara el concurso, sabía que podía volver a estar en forma después de todo esto. No sabía si ganaría, pero sí que terminaría, lo cual por sí solo sería una victoria."

Lynn no sólo revivió su espíritu y adquirió mayor energía al ponerse en forma, sino que su *salud,* la respuesta que llevaba dentro de su cuerpo para luchar contra la enfermedad, se activó.

"Yo era, más bien *soy,* VIH positivo. Así que era especialmente importante no privar a mi organismo de los nutrientes necesarios. Tenía que restringir las calorías para perder toda la grasa que acumulé durante años, así es que ingería muchos alimentos bajos en grasa, comidas saludables como pollo, verduras, fruta, papas y licuados nutritivos.

"Fue un poco complicado al principio, pero después de unas cuantas semanas me acostumbré y no me resultó difícil seguir haciéndolo. Hoy en día esto ya forma parte de mi vida. En cuanto despierto hago lo correcto y tomo las decisiones adecuadas durante todo el día."

¿Y las recompensas?

"Cuando se consigue estar en buena forma, se adquiere mucha autoestima, lo cual permite manejar mejor las cosas. Estoy seguro de que entrenar y reconstruir mi cuerpo me ayudó a luchar contra la depresión.

"Sólo con saber que todavía era capaz de lograr algo, me tuve confianza. Cada día regresaba del gimnasio a casa, me veía en el espejo y decía: 'Por lo menos algo en mi vida está marchando bien'. Eso era todo lo que necesitaba para seguir adelante.

"Esto puede haber salvado mi vida. He vivido más en los últimos dos años de lo que viví en la última década, mucho más. Y *he aprendido*. Más que nada, he aprendido que el tiempo se pierde, se pierde para siempre. Todos aquellos años, especialmente de los 20 a los 30, se perdieron entre la frustración y la rabia, la depresión y la vergüenza.

"Durante nueve años me pregunté: '¿Por qué *yo*?' Recordaba aquel accidente de cacería una y otra vez. Me obsesionaba pensando por qué mi amigo no había puesto el seguro en su escopeta. Imaginaba lo diferente que hubieran sido las cosas si la bala me hubiera dado en la pierna en lugar de atravesar mi intestino.

"Estaba muy enojado por lo sucedido. Yo nunca le había hecho daño a nadie. No merecía esto. Y entonces, después de pasar por todo aquello, el descubrir que era VIH positivo... era algo imposible de entender. Es fácil sentir pena por uno mismo. Lo difícil es que no te embargue la amargura y el enojo.

"Pero aprendí que obsesionarme con eso no tenía ningún sentido, sólo me torturaba. He tenido que perdonar a todos y a todo: al amigo que disparó accidentalmente, a los doctores, al sistema de salud que permitió que la sangre contaminada entrara en mi cuerpo. Tenía que estar libre de todo resentimiento y mirar hacia adelante, no hacia atrás."

Cuando Lynn empezó literalmente a tomar su cuerpo entre sus manos, empezó a liberarse, según me dijo. Al principio, lo único que quería era mejorar su físico. No tenía idea, dice ahora, de que toda su existencia se elevaría a tal nivel de plenitud y de libertad.

"Cada día es un regalo para mí, y hago lo mejor que puedo para disfrutarlo. Sonrío mucho, algo que casi olvidé durante nueve años. Me mantengo ocupado. Cuando estaba deprimido, veía muchas horas la televisión. Pienso que ya vi suficiente televisión para el resto de mi vida, de modo que ahora intento no hacerlo. Paseo con mi novia Evey. Salimos a cenar. Me gusta estar activo. Me gusta estar en movimiento.

"Cada día intento hacer algo nuevo, lograr una meta. Recientemente aprendí a patinar y a practicar el *surfing*."

De todas las personas con las que me he encontrado en la vida, quizá el "nuevo Lynn" sea el "optimista más equilibrado" de todos. Pero, ¿a qué se debe esto?

"¿Por qué soy feliz? Porque he decidido serlo. Así de simple. Es una decisión que tomé y después actué para lograrlo. Me tomó 10 años descubrir que todo dependía de mí, y sólo de mí.

"Tal vez parezca extraño decir que parte de tomar esa decisión de cambiar fue el aprender a renunciar, y con esto no quiero decir darse por vencido, sino renunciar a las emociones negativas que tanto nos detienen."

Culpa, vergüenza, resentimiento. Estos son los sentimientos de los que está hablando Lynn. El primer paso para tomar tu vida en tus manos, dice, es abrir esas manos y vaciarlas de las cosas insanas e improductivas que han cargado durante tanto tiempo.

"Quejarse lo hace a uno sentirse más infeliz y sólo provoca que los problemas empeoren. Ninguno de los problemas que enfrentaba desapareció mientras me quejaba. Cuando uno se queja, atrae a otras personas que también se quejan. Es como entrar en un callejón sin salida.

"Pero esto también funciona al revés. Cuando uno decide estar contento, aventurarse y tener la mente abierta, se encontrará con otras personas que han tomado la misma decisión."

A pesar de todo, la enfermedad persiste. Lynn ha sido VIH positivo durante más de 15 años. El virus está allí y puede amenazar su vida en cualquier momento, por lo menos es lo que dicen algunos.

"Yo no lo veo de esa manera. No me estoy muriendo; en realidad estoy *viviendo.* Hago todas las cosas que quiero y a la vez me esfuerzo para ayudar a otras personas. Tengo una linda novia que me ama y agradezco por cada uno de mis días."

Ahora Lynn ve al mundo y a las personas de una manera diferente.

"Debido a lo que me ha pasado, aprendí a mirar a las demás personas, pero a mirarlas *realmente.* Durante nueve años de mi vida permanecí sentado en la orilla simplemente observando. Observaba a las personas, *literalmente.* Algunas veces iba a un centro comercial y me sentaba durante horas para ver pasar a la gente.

"¿Y sabe usted lo que veía, lo que sigo viendo? Que la mayoría de las personas se están muriendo. Piense en esto: ninguno de nosotros vivirá para siempre. Estamos aquí sólo por cierta cantidad de tiempo. Pero, ¿cuántos de nosotros vivimos según esta realidad? Creo que muchas personas necesitan que te acerques y les digas: 'Mire, usted tiene sólo un tiempo determinado para vivir. Haga lo más que pueda todos los días, empiece *ahora* y viva como usted lo desee, ya que esa calidad de vida tendrá cuando se esté muriendo."

Lynn no sólo *vive* cada día, sino que también se fija metas y sueña.

"Mi sueño favorito ahora es en el que me veo siendo un anciano. Tengo salud y experiencia y me encuentro pescando en un lago, con mis nietos. El sol se está ocultando y la suave brisa de verano empieza a refrescar. Se avecina una tormenta. A la distancia, mi esposa nos hace señas, dándonos a entender que ya es tiempo de regresar. Giro el bote en sentido contrario. Mientras nos acercamos al embarcadero, aprovecho la oportunidad para contarle a mis nietos la valiosa, aunque dura lección, que su abuelo tuvo que aprender.

"Les digo que alguna vez, durante su viaje por la vida, tendrán que enfrentarse a una tormenta. Y aunque las cosas podrían ponerse muy difíciles, les aconsejo que nunca deben dejar de seguir adelante. Nunca deben rendirse, ni siquiera por un momento. Les explico que si tiran el ancla, la tormenta los destrozará. Miren siempre hacia adelante y verán un hermoso arco iris del otro lado. Sigan viendo hacia adelante y avancen en esa dirección, así *llegarán* a él."

Volvió a levantarse

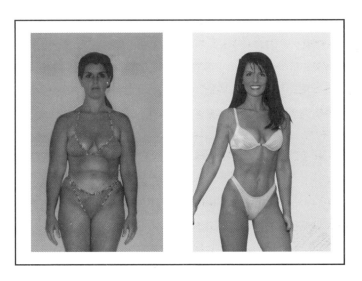

Danielle Coddington, de 33 años de edad, enfermera en cuidados intensivos y madre de dos niños, vive en Fort Lauderdale, Florida, y nos demuestra que también las mujeres pueden experimentar logros significativos al seguir este programa.

Aunque su historia no es la de una batalla de vida o muerte como sucedió con Lynn, también resulta inspiradora; la manera en que recobró su figura es algo con lo que muchos nos podemos identificar. Hasta hace unos cuantos años, Danielle había realizado un buen trabajo esquivando los golpes del destino.

Su vida, como la de todos, había tenido altibajos, pero siempre se esforzó para resolver los contratiempos y superar los obstáculos. Sin embargo, después de que fracasó su matrimonio, le resultó muy difícil volver a encontrar el camino.

"Mi vida estaba fuera de control –explica Danielle–. Sabía que debería hacer algo, pero ignoraba cómo. Me sentía perdida."

Afortunadamente, el hermano de Danielle se dio cuenta de que necesitaba ayuda. Así que le llevó una copia de mi video *Body of Work* (Trabajo del cuerpo) y sólo le dijo: "Necesitas ver esto".

Esa noche, después de llevar a sus hijos a la cama, miró el video.

"No podía creer lo que estaba viendo. Me sentí tan llena de *esperanza* al identificarme con las historias verídicas de las personas que aparecían en la película, que de pronto nunca más volví a sentirme sola. En ese momento decidí retomar el control sobre mi cuerpo y sobre mi vida, así que acepté el desafío de Bill."

Como sucedió con muchos otros, el deseo de Danielle aumentó al ver su fotografía de "antes de…".

"¡Me asusté! No me había dado cuenta de lo fuera de forma que estaba, especialmente del trasero."

Danielle escribió sus metas y empezó con el programa.

"En un par de semanas noté que mi cuerpo empezó a cambiar. Otros también podían verlo. Y me sentía más optimista. No podía creer lo rápido que estaba cambiando mi cuerpo. En sólo tres meses perdí 10 kilos de grasa. Ahora me encuentro en mejor forma que cuando estaba en la universidad y nuevamente puedo usar bikini sin avergonzarme."

El éxito de Danielle se debió, en parte, al apoyo que recibió de sus dos hijos, Rhiannon, de siete años y Hunter, de cinco. "Ellos estuvieron a mi lado todo el tiempo y se emocionaban tanto como yo con los cambios. Patinaban mientras yo corría. Y cuando estaba a punto de darme por vencida, me animaban para que siguiera adelante. No recuerdo cuántas veces los oí decir: '¡Tú puedes, mamá! ¡No te desanimes!'"

Actualmente Danielle se dedica a inspirar a otros que han buscado la manera de perder grasa y finalmente ponerse en forma.

"En el hospital donde trabajo, los doctores dudaban que pudiera alcanzar mis metas. Habían visto fotografías de otras personas que aceptaron el desafío, pero no creían que esas fotos de 'antes y después' fueran reales, *hasta* que vieron las mías. Ahora todos quieren saber lo que hice para obtener esos resultados tan dramáticos. Y me están permitiendo ayudarles.

"Cuando recuerdo el momento en que me animé a aceptar el desafío de Bill, pienso que ha sido la decisión más importante de mi vida. Si mi hermano no hubiera compartido conmigo el video del *Trabajo de cuerpo*, no estoy segura de dónde estaría ahora. No sé si me hubiera podido levantar, y ni siquiera deseo imaginar lo que eso habría afectado a mis hijos.

"Creo que lo importante no es sólo que luzca mejor ahora de lo que me veía antes, sino que me *siento* mejor: soy una persona *más fuerte,* y esto me ha convertido en una mejor madre".

Ahora se dedican a *amar* la vida

Fred y Renée Scurti, de Parker, Colorado, la estaban pasando "bien", o por lo menos eso creían. Fred se ganaba la vida trabajando como gerente en una compañía de computadoras y Renée trabajaba aún más, criando a sus cuatro hijos. Pero ellos, como muchas otras personas que han aceptado mi desafío, simplemente estaban *sobreviviendo,* en lugar de *progresar.*

El evento que desencadenó su toma de conciencia sucedió una tarde del otoño pasado, cuando Fred estaba formado en la fila de la caja de un supermercado, hojeando unas revistas. Tomó un ejemplar de mi publicación y se impresionó al ver el antes y el después de las fotografías y las historias de hombres y mujeres que habían completado mi programa de 12 semanas.

"Al principio me sentía escéptico –dice Fred–. No podía imaginar que ese cambio pudiera suceder en un tiempo tan corto. Pero concluí que todas esas fotografías, unas 50 ó 60, no podían ser falsas. Tenía que haber algo verídico en todo esto."

Fred se apresuró a regresar a su casa. Estaba ansioso por mostrárselo a Renée, así que sacó la revista y le dijo: "Tenemos que hacer esto". Renée también se quedó asombrada al ver aquellas transformaciones, y le respondió a Fred: "Vamos a lograrlo".

"Esa decisión fue una de las más importantes de nuestras vidas. Yo había estado fuera de forma durante mucho tiempo –explica Fred–. Hace quince años, cuando estaba en mis veintes tenía muy buena condición física, pero una lesión en la espalda cambió todo."

Fred recobró drásticamente su nivel de actividad. Antes de eso, el único ejercicio que hacía era el trote ocasional o montar en bicicleta. Pero seguía comiendo como siempre lo había hecho. Así que poco a poco, pero infalible-mente, año tras año, se cubrió con capa tras capa de grasa.

"Me sentía muy mal tanto en lo físico como en lo emocional. Constante-mente estaba deprimido. Recuerdo que por primera vez en mi vida pensé que tal vez debía aceptar el hecho de que nunca más podría estar en buena forma. Con esto quiero decir que hacía ejercicio de vez en cuando, seguía una dieta baja en grasa, pero alta en carbohidratos, y me seguía hundiendo cada vez más. Y no podía entender por qué.

"Mis hijos ya estaban llegando a la edad en que querían empezar a tener más actividad: montar bicicleta de montaña, realizar caminatas, jugar futbol, y yo no podía hacer nada de eso. Me sentía muy mal. Sabía que podía ser un mejor padre, un mejor esposo, una mejor persona."

Renée no estaba mejor que su marido.

"Como esposa y madre, los intereses de alguien más siempre estaban por delante de los míos –dice–. Nunca puse mucha atención en mi bienestar físico."

Después de aceptar el desafío, la pareja se tomó fotografías, lo que, como pudieron darse cuenta, no les resultó nada fácil.

"Nunca olvidaré el gran día en que fuimos a recoger las fotos reveladas –dice Renée–. Nos sentamos en el auto para verlas... y se nos cayeron las man-díbulas. Sucede que... uno nunca se *visualiza* así... no cuando luce como nos veíamos nosotros. Lo que quiero decir es que allí estábamos, en vivo y a todo color. Pero así como fue muy doloroso ver las fotografías, definitivamente eso fue lo que encendió la chispa y nos motivó a empezar en ese mismo momento."

"Con cuatro hijos y con Fred trabajando tiempo completo, poder encontrar el tiempo y el lugar para ejercitarnos juntos fue todo un reto.

"Aunque intentamos hacer malabares con los horarios de todos para tratar de encontrar la manera de ir al gimnasio, parecía que nunca lo lograríamos. Y no había ninguna duda de que Renée y yo debíamos trabajar *juntos*. Estábamos en esto *juntos*", explicó Fred.

Su solución fue crear su propio "estudio de transformación" en el sótano. "Algunas pesas, un banco, sólo lo básico", dice Fred. Su horario de entrenamiento era muy temprano por las mañanas, antes de que despertaran los niños, o bien después de que los niños se fueran a dormir, alrededor de las ocho de la noche.

"Me preocupaba al pensar que no tendría la energía suficiente para adaptar esto a mi vida. Ya de por sí siempre me sentía cansado. Pero muy pronto me di cuenta de que, después de la etapa inicial en la que me sentía muy fatigado, tenía 10 veces más energía que antes. Levantarme una hora más temprano nunca fue un problema. De hecho, podía hacerlo incluso sin poner el despertador", comenta Fred.

"Lo hermoso de hacer todo en casa –dice Renée– era que no teníamos que depender de nadie más que de nosotros mismos. Si fallábamos, sería nuestra responsabilidad, y de nadie más."

Así cumplían con la parte de los ejercicios del programa. En cuanto al cambio de sus hábitos alimenticios, Fred era el más preocupado.

"Primero pensé que moriría de hambre con la dieta del programa. Pero pronto descubrí que estaba en un error. Después de estar acostumbrado a comer tres veces al día, ahora llegamos a comer hasta *seis* veces al día. Nunca tuvimos hambre. Y estábamos comiendo *correctamente*. Era increíble. Enseguida pensé: '¡Qué maravilla! Realmente puedo hacer esto. Realmente puedo apegarme a este programa'."

"Al principio no se lo contamos a nadie –dice Renée–. Pero después de un par de semanas, empezamos a notar los cambios en nuestros cuerpos y comprendimos que esto era algo que deberíamos estar compartiendo con nuestros amigos y familiares.

"Y luego, fue como una bola de nieve. Todas las personas con las que lo comentamos se involucraron en nuestro éxito. Siguieron vigilándonos, lo que hacía más valioso nuestro logro, pues no queríamos que nadie se sintiera decepcionado", explica Renée.

"El compromiso era algo muy importante –dice Fred–. Esa era una de las razones principales por las que decidimos hacerlo juntos. Sabía que si yo claudicaba, le estaría fallando a Renée. Pero si ella continuaba con el programa, también yo lo haría.

"Primero se empieza a trabajar para estar en forma y adquirir condición física. Pero el resultado es algo más que eso. Implica el cómo se *siente* uno con respecto a su persona. Cuál es su nivel de confianza", dice Fred.

"No quiero parecer demasiado melodramática –explica Renée–, pero cuando uno cambia su vida así, se produce un profundo efecto sobre la gente que está alrededor. Debido a que yo me siento mejor acerca de mi persona, mis *hijos* se sienten mejor acerca de *ellos mismos*."

"Renée siempre tuvo confianza en sí misma y una fuerte personalidad –asegura Fred–. Pero ahora esa confianza ha *aumentado*. Es más feliz e irradia esa dicha en todo nuestro hogar. Yo lo noto. Los niños lo notan. Esta experiencia ha cambiado todo acerca de la manera en que nos sentimos como familia.

"Nuestra relación ha cambiado como el día y la noche con respecto a lo que era antes. Hemos estado casados durante 15 años, pero nunca habíamos hecho algo así. Juntos, perdimos 44 kilos de grasa (Fred perdió 24 kilos y Renée 20) en poco más de tres meses y ganamos en tono muscular, fuerza y energía", señala Fred.

"Logramos esta meta como un *equipo*, y esto ha sido maravilloso para nuestra relación", comentan Fred y Renée.

"Nos llevábamos muy bien antes de esto. Nunca tuvimos grandes problemas. Pero ahora me doy cuenta de que antes sólo vivíamos la vida, y ahora la estamos *amando*."

El propósito del inicio

Cuando terminó este primer concurso, me sentí consternado al constatar cuántas personas maravillosas hay en este mundo, *que ni siquiera saben que lo son.* Han vivido convencidas de que no merecen verse y sentirse mejor. Así que se han dado por vencidas.

Una vez que me di cuenta de lo generalizado de este problema, comprendí que mi trabajo sólo había empezado; aquella "voz" me dijo que tenía que hacer mucho más. Tenía que compartir esta experiencia con todos los que pudiera, permitiéndoles ver el tipo de cambio que también ellos pueden lograr.

Primero decidí hacer una filmación documental, *Body of Work* (Trabajo del cuerpo), para difundir la palabra. La película es un homenaje a lo mejor que existe sobre el espíritu humano. Trata sobre el crecimiento y la bondad por las que atravesamos cuando, con toda nuestra fuerza interior, nos decidimos a superar los desafíos.

Body of Work ha sido vista por más de dos millones de personas... y las que faltan todavía. La ofrezco gratuitamente en video a cualquiera que esté dispuesto a hacer una donación de 15 dólares a la Fundación Make-A-Wish®, y esto sólo si después de haber visto la película sienten que han recibido algo de valor, si se sienten inspirados o bien informados. El total de estas donaciones suma actualmente más de 1 millón 250 mil dólares, cantidad que continúa aumentando cada día. Si desea saber más, visite nuestro sitio en la red en www.bodyforlife.com.

Esta película ha inspirado a innumerables personas que aceptaron el desafío de poner en práctica el programa Condición Física para Vivir Mejor que les ha ayudado a reconstruir sus cuerpos y fortalecer sus vidas. Más de 200 000 hombres y mujeres (casi el cuádruple del total en el primer año) se inscribieron el año pasado. Y todo parece indicar que este año la cifra sobrepasará, créalo o no, *el millón* de personas.

Estoy decidido a ayudar *a todas y cada una* de estas personas a experimentar el éxito que Lynn, Danielle, Fred, Renée y tantos otros han conseguido. Como usted descubrirá, *ese* es el propósito de *este* libro: ayudarle a aprender exactamente cómo convertirse en nuestra siguiente historia de éxito de la vida real, en un tiempo tan corto como son 12 semanas.

Cruzando el abismo
Parte II

*Existe una gran diferencia entre
saber lo que hay que hacer y hacerlo en realidad.*

Cuando las personas me permiten ayudarlas, lo considero un privilegio. Y me alegro mucho cuando alcanzan sus objetivos. Pero sin importar lo numerosas que sean las historias de éxito, recuerdo constantemente el hecho de que aún existen millones de personas en espera de descubrir su verdadero potencial.

Muchas de ellas saben cómo hacer ejercicio. Algunas también saben comer correctamente. De hecho, esta enorme cantidad de personas que cada día crece más y que están por realizar el cambio con éxito, incluye a médicos y profesores que supuestamente lo saben todo acerca del cuerpo humano.

Pero lo que les falta a estos profesionistas es la habilidad para *aplicar* sus conocimientos. Sin esta habilidad, no importa qué tantos conocimientos tenga usted, se sentirá varado al borde de una infinita sima a la que llamo *el abismo*.

En tanto no descubra cómo cruzar este abismo, tendrá que luchar. Sufrirá retrocesos. E incluso podría perder la esperanza.

Sin embargo, aquellos que cruzan el abismo, aquellos que saben lo que hay que hacer *y lo hacen,* disfrutan no sólo de grandes cambios en su manera de verse y sentirse, sino que avanzarán más rápido en todas las etapas y actividades de sus vidas.

Así que, ¿cómo puede dar ese brinco para reunirse con todos aquellos que se encuentran al otro lado *prosperando,* y no sólo *sobreviviendo*? Eso es lo que estoy a punto de compartir con usted. Pero antes necesitamos tener una "pequeña charla, de corazón a corazón". Como ya puede haberlo descubierto, este libro no sólo trata de la condición física, sino sobre *la vida.*

He descubierto que cualquier discusión sobre la manera correcta de ponerse en forma y permanecer en forma se convierte, en la actualidad, en una discusión acerca de cómo ha vivido su vida hasta este momento y cómo la vivirá en el futuro.

Por lo tanto, para ayudarle a lograr esos cambios dramáticos en su cuerpo y en su vida que usted *tiene* el potencial de realizar, le haré algunas preguntas muy personales a lo largo de esta sección. Y usted tendrá que ver dentro de sí, *profundamente en su interior,* para responder con honestidad. Esto, en sí mismo, es un desafío, pero es algo sumamente importante.

Las dramáticas transformaciones acerca de las cuales leyó en la última sección, empezaron con una reflexión honesta, y no sólo con comprar algún aparato para hacer ejercicio en casa, ni con abastecerse con la última "píldora milagrosa". Estas estrategias superficiales *nunca* funcionarán en realidad.

El verdadero cambio siempre se inicia en el interior. Y es ahí donde usted encontrará la respuesta a la primera pregunta:

¿Ha tomado la decisión de cambiar?

La mayoría de las personas a quienes les pregunto esto dicen que ya han tomado esta decisión. Pero ¿cuántos han decidido cambiar de verdad? Muy pocos. ¿Por qué? Porque hay una gran diferencia entre decidir algo y tener *razones* para llevarlo a cabo en realidad.

Cuando usted toma la decisión de hacer un cambio *y* conoce sus razones, podrá reunir la fuerza y el deseo necesarios para que algo suceda. Así que ahora le pregunto:

¿Cuáles son sus razones para haber tomado la decisión de cambiar?

Una cosa es *decir* que ha decidido perder 15 kilos de grasa y ponerse en forma, y otra completamente diferente es que su doctor le advierta que si usted no pierde 15 kilos pronto, estará muerto en un año y nunca conocerá a sus nietos.

Yo creo que usted sabe, en su interior, que tiene varias razones para decidirse a cambiar. No puedo decirle exactamente cuáles son, pero sí le aseguro que ahí están.

He aquí una pregunta que empezará a ayudarlo a encontrar *sus* razones:

¿Cuando se mira al espejo, honestamente le gusta lo que ve?

Es importante ver *realmente*. Puesto que todos nos "vemos" todos los días, a menudo no nos percatamos cuando vamos "para abajo". Si no tenemos cuidado, en poco tiempo la imagen que tenemos de nosotros mismos en la mente no estará en sincronía con la realidad.

También le sugiero que alguien le tome una fotografía, de pie, relativamente relajado, con los brazos a los costados, usando un pantalón corto o un traje de baño. Cuando revelen esa fotografía *mírela*.

He aquí algunas preguntas más que le ayudarán a identificar *sus* razones:

¿Cómo se siente en lo más profundo de su interior?

¿Cómo se siente en realidad acerca de usted mismo?

¿Siente que tiene confianza, energía y fuerza?

¿Se pregunta a menudo si se encuentra en el camino correcto?

¿Cuáles son los pros y los contras de continuar en la dirección en que se encuentra?

¿Le gustaría crear un futuro más brillante?

Cuando responda a estas preguntas, se aclararán sus razones para tomar la decisión de cambiar. Cuando esto suceda, anótelas en una hoja de papel y lea lo que ha escrito por la mañana y de nuevo por la noche antes de irse a dormir. Haga esto todos los días a lo largo de las 12 semanas que dura el programa. Estas razones permanecerán siendo la luz que lo guiará, su faro, durante el recorrido que ha *decidido* comenzar ahora.

Concentración en la visión del futuro

Una vez que ha identificado sus razones para tomar la decisión de cambiar, la siguiente pregunta que debe contestar es:

¿Cuáles son los cinco logros específicos más importantes que necesita conseguir en las próximas 12 semanas para que se sienta satisfecho con el progreso de su cuerpo y de su vida?

Por favor, tómese solamente unos minutos para pensar en esto y después continúe.

Si se le hace fácil identificar cinco cosas *específicas* que usted sabe tienen que ocurrir entre el día de hoy y las 12 semanas del programa para que usted se sienta satisfecho con el progreso de su cuerpo y de su vida, es una buena señal. Significa que usted está viendo hacia adelante y tiene lo que yo llamo *visión futura.*

Si le costó un poco de trabajo, si no pudo identificar rápidamente cinco logros específicos, pero identificó dos o tres de los que estaba seguro, entonces lo está haciendo bastante bien, pero todavía puede mejorar.

Por otra parte, si le resultó sumamente difícil encontrar las respuestas específicas a esta pregunta, si lo tomó completamente fuera de guardia, quiero decirle que no está solo.

La verdad es que a la mayoría de las personas se les dificulta responder esta pregunta en apariencia tan simple. Sencillamente se trata de algo en lo que la mayoría de las personas no se concentran. Sin embargo, en vista de que queremos cambiar y avanzar, necesitamos asegurarnos de que *vemos hacia adelante.*

En otras palabras, debemos concentrarnos en nuestra visión futura.

Permítame explicarle. Todos tenemos tres tipos de visión: histórica, presente y futura. En dónde está usted ubicado en la vida y a dónde irá a partir de este momento tiene mucho que ver con el tipo de visión que permitirá que domine sus pensamientos, sus decisiones y sus actos.

Una persona cuyas acciones están dominadas por una visión histórica, cree que casi todo lo importante, agradable o significativo para ella o para su vida ya transcurrió.

Estas personas pasan mucho tiempo pensando en *los buenos tiempos*, charlando sobre las fiestas de secundaria, el baile de graduación, el balón que recuperaron en ese importante juego de futbol, la buena forma física que llegaron a tener. Todo lo que *solía ser*. Este es el mantra de las personas con visión histórica. Es como si sus vidas ya hubieran terminado. Prefieren mirar hacia atrás que hacia adelante, porque es más fácil recordar dónde han estado que intentar deducir a dónde se dirigen. A las personas con este tipo de enfoque les cuesta trabajo aceptar nuevas ideas u oportunidades y tienen problemas para enfrentar cualquier desafío.

Y lo peor es que los individuos con visión histórica se sienten muy incómodos ante el crecimiento de los demás, pues ello representa una amenaza a la estructura y el aparente equilibrio de sus vidas. La evolución los incomoda, así que un cambio positivo en aquellos que los rodean (marido, esposa, amigos) es algo a lo que temen. El hecho es que probablemente sienten, en cierto nivel, que serán dejados atrás si no empiezan a mover su trasero. Y lo cierto es que probablemente tienen razón.

El solo hecho de que sus ojos estén leyendo estas palabras, ahora mismo en esta página, y que usted y yo estemos compartiendo esta experiencia de aprendizaje para poder crear un futuro mejor, hace improbable que sus pensamientos estén dominados por la visión histórica. (Si usted fuera un pensador concentrado en el pasado, quizá estaría viendo repeticiones de *La isla de Gilligan* o cualquier otra cosa que estuvieran transmitiendo en la caja idiota en este momento, en lugar de esforzarse por crecer y aprender.)

Sin embargo, he descubierto que muchas personas que quieren construirse un mejor cuerpo y una vida más satisfactoria están dominadas por lo que yo llamo visión presente. No están obsesionadas con regresar el tiempo, pero tampoco lo suficientemente concentradas en el futuro. Estas personas poseen un tremendo potencial para mejorar con rapidez. Sólo necesitan una guía, alguien que los ayude a ver hacia adelante, en lugar de concentrarse tanto en el presente.

Por otro lado, las personas cuyas acciones cotidianas se rigen por la *visión futura* siempre están creciendo. Constantemente asumen nuevos y mayores retos. Siempre están creando, modificando y mejorando su visión del futuro. Lo que les ha ocurrido en el pasado ni lo ignoran ni lo niegan: utilizan esas experiencias para desarrollar habilidades que les ayuden a alcanzar sus objetivos. Pero su enfoque principal *siempre* estará en el lugar al que se dirigen.

Cuando usted desarrolla una fuerte visión del futuro no tiene que obligarse a fijar metas, su mente lo impulsa a establecerlas. Y cada vez que logre un objetivo no será el fin de algo, sino sólo el principio, el punto de partida para otra etapa de un continuo recorrido de progreso, desarrollo, crecimiento y aventuras.

Lo cual nos trae de regreso a su respuesta para mi pregunta anterior. Si no puede identificar rápida y concluyentemente cinco cosas específicas que necesita lograr en las próximas 12 semanas para sentirse satisfecho con su progreso en la vida, llegó el momento de enfocarse en su visión futura, contestando esta pregunta:

¿Qué cambios en su cuerpo y en su vida desearía realizar durante las siguientes 12 semanas?

Tome unos cuantos minutos para pensarlo. Sea sincero, honesto y espontáneo. Por favor, no se preocupe por lo que otras personas quisieran que usted deseara.

Las cosas que vienen de inmediato a su mente, aquello que le evoca poderosas emociones y lo entusiasma acerca de su futuro, al igual que un niño en la mañana de Navidad, esos son sus *sueños.* Cuando imagine que realmente están sucediendo, sentirá la energía.

Ahora, le pido que tome las cinco cosas más emocionantes que se le ocurrieron y las convierta en declaraciones poderosas y específicas. Necesito que las escriba. Por ejemplo, si pensara en "ganar músculo" y "perder grasa", podría escribir las siguientes oraciones: "dentro de 12 semanas, habré ganado 5 kilos de músculo" y "dentro de 12 semanas, habré perdido 10 kilos de grasa".

Al formar frases como éstas, definiendo y declarando su deseo, y fijar un plazo (dentro de 12 semanas), estará transformando sus sueños en *metas,* con lo que dará un gran paso para convertirlos en realidad. Estos sueños ya no están alojados en alguna parte dentro de las sombras de su mente subconsciente.

Ahora están siendo expuestos a la luz del día. Son cosas de las que usted ha tomado conciencia. ¿Y sabe qué? Ahora que las ha descubierto ya no podrá volverlas a enterrar. Va a pensar en ellas todo el tiempo. Y eso es bueno. *Debe* pensar en ellas, porque es parte del proceso de convertir sus sueños en realidades.

Pero no olvide que debe transformar sus sueños en metas y *escribirlas*. Esto de verdad funciona. He aquí una prueba: En 1953, un estudio de la Universidad de Harvard mostró que el tres por ciento de los estudiantes que se graduaron ese año realmente escribieron sus metas específicas dentro de sus carreras. Veinte años después, un equipo de investigadores que entrevistaron a la clase del 53 encontró que el tres por ciento de los que habían escrito sus metas estaba mejor, financieramente hablando, que el otro 97 por ciento.

Es muy importante entender la diferencia entre los sueños y las metas. Los sueños son cosas que usted desea, cosas de las que disfruta al pensar en ellas, pero que realmente no sabe cuándo pasaran o si sucederán. Por otro lado, las metas son cosas específicas que usted ha decidido que necesita lograr dentro de un tiempo claramente definido. Por ejemplo: "Algún día estaré en buena forma", es un sueño. "Dentro de 12 semanas habré perdido 10 kilos de grasa", es una meta.

Aquí hay otro punto importante: sus metas provienen de sus sueños. (Le apuesto que usted no sabía esto, ¿o sí?) Los sueños poderosos de cambios positivos en su vida le agregan aún más combustible a su transformación. Pero debe crear metas que estén sincronizadas con sus sueños para poder avanzar en su vida y sentirse bien consigo mismo, con su progreso y su potencial futuro.

Algo más, mientras seguimos con este tema: cuando usted logra una meta ayuda a que sus sueños se vuelvan más inspiradores, lo que a su vez crea más metas y más deseos. Cuando empiece con el proceso de fijar y cumplir metas, inmediatamente empezará a crear sueños más grandiosos, esto a su vez generará optimismo, que es una sensación maravillosa, por si acaso lo había olvidado. Cuando usted se siente optimista no puede evitar enfocarse en el futuro, y esto resulta tan emocionante que le gustaría estar allí cuanto antes.

¿Está empezando a darse cuenta de cómo funciona todo? ¿Comprende que si no se fija y logra metas específicas no podrá crear sueños más grandiosos, y que cuando deja de soñar ya no tiene nada que esperar, así que no puede ver hacia adelante y mira entonces hacia abajo o atrás?

Aunque debe fijarse metas ambiciosas es importante que sean alcanzables. Quizá no sepa dónde están los límites, sobre todo si se ubica dentro de un área en la cual no tiene mucha experiencia o conocimiento. Por lo tanto aquí tiene un consejo para saber cómo fijar sus metas. Busque un ejemplo: alguien que ya haya alcanzado lo que usted quiere lograr, y base sus metas en eso. Si quiere perder grasa y ponerse en gran forma (tome en cuenta que todavía es un sueño: no hay fechas específicas ni plazos), encuentre a alguien que estuvo en su condición actual, o muy parecida a la suya, y eche una mirada a lo que él o ella fueron capaces de lograr. Puede encontrar un ejemplo (o un modelo a seguir, como lo llaman algunas personas) que haya perdido 10 kilos de grasa en 12 semanas. Muy bien, ya tiene su meta. Este es un buen lugar para empezar, porque esa persona es la prueba viviente de que es posible realizarlo. (Por supuesto, usted puede considerar lo que han logrado los demás para ayudarse a fijar metas en todas las áreas de su vida.)

Una vez que ha creado su lista de metas, no las guarde para nunca volverlas a ver. Apéguese a ellas y léalas todos los días por la mañana y otra vez por la noche antes de irse a dormir. Trate de repetir en voz alta cada una de las afirmaciones como si le estuviera describiendo su futuro a otra persona. Hable con absoluta confianza y seguridad.

Practique tratando de eliminar el temor y la duda en el tono de su voz. Y no describa su éxito futuro como algo que usted "espera" conseguir. Imagíneselo como algo que definitivamente logrará. La esperanza no es una emoción lo suficientemente fuerte para crear el deseo necesario para seguir adelante. Debe estar convencido de que lo que su imaginación ha creado es su realidad futura.

Además de leer sus metas por la mañana y otra vez por la noche, concéntrese en su visión del futuro a lo largo del día. Por ejemplo, si está realizando 20 minutos de ejercicio aeróbico en una bicicleta fija (lo cual en lo personal me aburre mucho, así que mejor me dedico a otra cosa), aproveche ese tiempo para concentrarse en su visión del futuro. En lugar de "divagar" o pensar en lo mucho que se divirtió en la fiesta del sábado, piense en lo emocionante que será el recorrido por el que se está aventurando.

Quizá lo que necesita es ubicar una imagen real de su nuevo yo que le ayude a concentrarse. Encuentre una: tal vez la fotografía de una revista, o la foto de "antes y después" de alguien que haya realizado la transformación que a usted le gustaría conseguir. Recórtela y concéntrese en esa imagen por la mañana y otra vez por la noche.

Después de ver la imagen, cierre los ojos unos cuantos minutos. Véase con un cuerpo fuerte y delgado; con muy buena postura: los hombros hacia atrás, el pecho hacia afuera, la barbilla levantada y una mirada llena de confianza, control y satisfacción en su rostro.

Piense en lo orgulloso que se sentirá cuando descubra el resultado de sus esfuerzos. Olvídese de todo lo demás durante unos minutos; piense sólo en su visión del futuro. Sienta cómo va tomando forma su nueva constitución física.

Imagine que otras personas observan su nuevo cuerpo. Cómo lo miran. Escuche lo que dicen. Sienta una oleada de energía y orgullo.

Con un poco de práctica llegará a ser un experto en esto que será como ver una película. Podrá ver todo con una incitante claridad.

Recuerde que todo lo que hace en el mundo real es sólo una manifestación externa de lo que ya ha sucedido en su mente. De aquí proviene la famosa máxima: "Si su mente puede concebirlo, usted puede lograrlo", y es verdad. En su mente, todo es posible. Cualquier cosa que usted quiera que suceda en su vida, cualquier cosa que realmente quiera lograr, debe primero repasarla en su mente.

Cuando nacemos, nuestras mentes tienen muy pocas limitaciones. Trabajan incansablemente. No nacemos con todos esos miedos y dudas con los que crecemos. Esas cosas se aprenden. Aprendemos lo que no podemos hacer, lo que *no* somos capaces de lograr. Cuando niños, creíamos que todo era posible. Entonces las limitaciones, las imposibilidades, son cosas con las que programamos nuestras mentes.

Pero ahora usted sabe que puede cambiar. Cuando aprende a creer en su visión del futuro, se condiciona y prepara para seguir adelante y para ascender.

Y pronto, cuando las cosas no marchen como usted quisiera, podrá enmendar-las porque su visión del futuro será más fuerte que sus retrocesos y volverá a colocarlo en el camino correcto. Al hacer las cosas que necesita para acercarse a esta visión del futuro se sentirá muy bien y disfrutará del consuelo y la confianza de que, sin importar lo que suceda, al final del camino llegará a donde usted desea y merece llegar.

Transformación de los patrones de acción

Los patrones de acción son como los hábitos. Son "reglas" que seguimos *automáticamente:* cosas que hacemos sin pensar. Todos tenemos esos patrones de acción: en la manera en que trabajamos, comemos, nos relacionamos con la gente; en la manera en que hacemos casi todo. Lo que hace que un patrón de acción sea bueno o malo, simplemente es el hecho de si nos acerca o nos aleja de nuestras metas.

Ahora que decidimos cambiar y el futuro se ve con mayor claridad necesitamos observar nuestros patrones de acción, lo cual nos lleva a la siguiente pregunta importante:

¿Cuáles son los tres patrones de acción que podrían impedirle alcanzar sus metas?

Por ejemplo, si su meta es perder 10 kilos de grasa, tiene que dejar de comer alimentos ricos en calorías. Otro patrón de acción que podría necesitar es el de no evadir los entrenamientos. Este tipo de hábitos impiden el progreso, por lo que deben desaparecer. Yo los llamo "no permitidos".

Piense en esto y escriba los tres patrones de acción que considera podrían retrasarlo y detenerlo. Una vez que lo haya hecho, conteste esta pregunta:

¿Cuáles son los tres nuevos patrones que necesita establecer para poder alcanzar sus metas?

Por ejemplo, si una de sus metas es ganar 5 kilos de músculo, tiene que adquirir el hábito de levantar pesas con regularidad. Quizá necesite comer varias veces al día y dormir más.

Usted debe identificar tanto los patrones que debe eliminar como los nuevos que debe adoptar. He descubierto que una de las razones por las que tantas personas no rompen con sus malos hábitos, es porque se enfocan solamente en lo que *no deben* hacer: lo que *no deben* comer, *no deben* fumar o *no deben* beber.

Le recomiendo que se enfoque en las cosas que sí debe empezar a hacer, pues los nuevos patrones le ayudarán a "erradicar" los hábitos no permitidos.

Cuando haya identificado los tres patrones de acción que no están permitidos y los tres *nuevos* patrones que necesita adoptar, estará en el camino correcto. Y aunque puede haberle tomado años desarrollar los patrones de acción que lo han traído a donde se encuentra en su vida, no le tomará ni remotamente tanto tiempo poder cambiarlos; de hecho, requerirá menos de cuatro semanas para sentir que estos nuevos patrones son algo natural. Entonces podrá *aplicar* los conocimientos que está a punto de aprender.

Apreciación global sobre cómo cruzar el abismo

- Tome la decisión de cambiar.
- Identifique *sus* razones para cambiar y escríbalas.
- Concéntrese en su visión del futuro.
- Sueñe en lo que le gustaría lograr en 12 semanas.
- Transforme cinco de esos sueños en metas, poniéndoles un plazo y una manera de medirlos, escríbalos.
- Identifique tres patrones de acción no permitidos que pueden hacerlo retroceder y escríbalos.
- Identifique tres nuevos patrones de acción que lo ayudarán a alcanzar sus metas y escríbalos.
- Lea lo que ha escrito por la mañana y de nuevo por la noche, durante todos y cada uno de los días de su programa de 12 semanas.

Separar el mito de la realidad
─── Parte III ───

Una vez que la verdad se revela,
el camino se aclara.

Ahora usted ha llegado al punto en el que ya está listo para avanzar. Ha pensado mucho acerca de todo esto. Ha respondido preguntas que no suelen hacerse la mayoría de las personas y ha aprendido a cruzar el abismo.

Hasta este momento, sólo tenemos que "comer bien y hacer ejercicio".

Comer bien y hacer ejercicio.

En realidad es bastante simple, ¿no lo cree así?

¿Qué pasa? ¿No lo ha *captado*?

Vamos, ¿qué podría ser más elemental que "comer bien y hacer ejercicio"?

No obstante, si esto fuera tan simple, ¿por qué si interroga a 100 "expertos" diferentes, obtiene 100 respuestas diferentes? Independientemente de esto, ha recibido información a traves de comerciales de televisión asegurando que tal o cual aparato de ejercicio o aquella píldora milagrosa es *la* respuesta. Y existen muchos videos de entrenamiento, docenas de revistas de acondicionamiento físico y cientos de libros sobre la materia.

Así que tenemos muchas respuestas. Eso es grandioso, *¿no es así?*

Bueno, la verdad es que no. Lo que *realmente* tenemos es un montón de basura o de conclusiones falsas, una serie de contradicciones interminables y de teorías de ejercicios y alimentación mal concebidas, las cuales crean tanta incertidumbre y confusión que la mayoría de las personas no sabe qué camino tomar.

Antes de que empiece su transformación de 12 semanas, necesita aclarar su mente: trate de olvidar todo lo que ha escuchado acerca de cómo comer y cómo hacer ejercicio. (Es mucho más fácil realizar una pintura sobre un lienzo en blanco, que pintar sobre la confusión previamente creada por alguien más.) Aunque hay personas a las que les resulta difícil poder aclarar sus mentes.

Algunos de estos mitos nos han estado acechando durante tanto tiempo que los hemos aceptado como verdades. Por ello, a menos que sean eliminados, siempre levantarán la cabeza cuando menos lo espere y amenazarán con derrumbar sus esfuerzos de construir un cuerpo más fuerte, esbelto y lleno de energía.

No permitamos que esto suceda; vayamos a la conquista de esos mitos, a separar la realidad de la ficción y a crear un poco de claridad en este momento y de una vez por todas.

Mito: Los ejercicios aeróbicos son mejores que el entrenamiento con pesas para lograr una buena condición física.

Realidad: Para transformar su constitución física, *debe* entrenar con pesas.

Dar una vuelta a la manzana o subir al siguiente piso por las escaleras es mejor que quedarse sentado sin hacer nada. Pero el mejor ejercicio para transformar su cuerpo es el entrenamiento con pesas.

Por medio del entrenamiento de resistencia también se puede aumentar significativamente la tasa de su metabolismo, es decir, el índice que señala cuánta grasa quema su organismo. Como ya debe saberlo, cuando usted gana músculo, su cuerpo requiere de más energía para mantener esa nueva músculatura. La grasa no requiere de ninguna energía para mantenerse, solamente permanece ahí. Por tal razón el entrenamiento con pesas es superior incluso al ejercicio aeróbico para las personas que quieren perder grasa, pues está dirigido al meollo del problema: a la velocidad con que su organismo utiliza la energía.

Si sólo realiza ejercicio aeróbico, aun cuando coma menos, sus resultados nunca serán los óptimos. Sí, puede perder peso, pero su constitución en general seguirá siendo la misma. Si usted empieza con un programa de ejercicio aeróbico viéndose como una pera, los resultados más probables serán que acabará luciendo como una pera, sólo que más pequeña. Este resultado es bueno, si es lo que usted busca. Pero eso no es lo que yo llamo una verdadera transformación.

Al entrenar con pesas no sólo quema grasa, sino que también puede cambiar la forma de su cuerpo, construyendo hombros más anchos de modo que su cintura se verá más estrecha. Puede construir brazos musculosos; músculos abdominales delgados y bien definidos; piernas fuertes; todo esto, además de adquirir mayor fuerza y confianza en sí mismo.

Así que, si bien es cierto que el ejercicio aeróbico ayuda a quemar grasa, cuando se trata de la transformación de su cuerpo, un adecuado levantamiento de pesas no debe menospreciarse.

**Mito: Si usted hace ejercicio,
no importa lo que coma.**

**Realidad : Si usted hace ejercicio,
importa *aún más* lo que come.**

Actualmente, muchos más estadounidenses que nunca se dedican a hacer ejercicio. Y esto tendría que ser una buena noticia, ¿no es verdad? Deberíamos estar contrarrestando las dietas altas en grasa y calorías, porque los efectos del ejercicio son muy positivos.

Piense en esto otra vez. A pesar del hecho de que cada vez más personas están tratando de hacer ejercicio, aún vemos un rápido crecimiento en el número de estadounidenses obesos y con problemas de salud provocados por su "mala condición física".

De hecho, hoy en día existen más de 58 millones de hombres y mujeres clínicamente obesos en Estados Unidos, y el año pasado se gastaron más de 100 mil millones de dólares para tratar enfermedades como cáncer, diabetes, embolias, enfermedades cardiacas y otras dolencias causadas la mayoría de las veces, por la falta de "condición física".

Lo que veo literalmente es a millones de personas que pasan por alto el hecho de que los individuos físicamente activos necesitan más nutrientes que los sedentarios. Así que son muchas las personas que están desinformadas al respecto. Desearía poder visitar todos los centros de acondicionamiento físico de Estados Unidos y decirles a todas las personas que hacen ejercicio, ya sea caminando o corriendo, nadando, girando, levantando pesas o cualquier otra actividad, que sin los niveles óptimos de nutrientes que su cuerpo necesita, nunca podrán obtener los resultados que buscan. Si usted se parece en algo a mí, entonces hace ejercicio para crear un resultado positivo, y no porque no tenga otra cosa mejor qué hacer. De hecho, podría estar causándose más daño que beneficios, porque cuando hace ejercicio con un cuerpo al que le faltan nutrientes, no está formando un cuerpo saludable; en realidad está creando una mayor deficiencia de ellos.

Créanme, amigos, he comprobado esto hasta la saciedad. Conozco a miles de personas, probablemente muchas como usted, que tenían todo pero se dieron por vencidas en el intento de descubrir cómo transformar su físico con éxito. Muchos contaban con la información técnica sobre nutrición y ejercicios, pero no podían cruzar ese abismo del que hablamos antes. Otros tenían una razón, se habían fijado una meta y estaban preparados para cruzar el abismo, pero no disponían de los datos correctos; es decir, estaban mal informados. En todos los casos, algo faltaba y las personas se quedaron pensando que "el ejercicio sólo funciona cuando se tiene la genética adecuada", o

Separar el mito de la realidad

40

"algo malo sucede en mi sistema", o "debo tener un problema de tiroides o algo parecido".

Lo que quiero decir es que debemos enfrentar la situación. Si nos esforzamos realmente, si ponemos alma y corazón en ello, no sólo de vez en cuando, sino todo el tiempo, y aún así no funciona, con el tiempo nos sentiremos frustrados y nos daremos por vencidos. Trabajar tan duro para no llegar a ninguna parte resulta ingrato y desalentador. Es francamente frustrante.

El meollo del asunto es este: si su sistema no tiene los nutrientes necesarios para recuperarse, mucho menos los tendrá para mejorar; someterse a un ejercicio intenso es como tratar de prender un encendedor sin gas butano: puede conseguir una chispa, pero nunca una flama. Y su cuerpo necesita de ambos: el combustible y la chispa. Debe contar con el material para que arda ese fuego y con la chispa para crear la flama.

Esencialmente, existen muchas personas que tienen los pulgares ampollados por tratar de prender el encendedor, y sólo logran acabarse la piedra porque no existe combustible en sus cuerpos para crear la combustión. El resultado, naturalmente, es la frustración. Imagine que tuviera un encendedor en su mano y se la pasara haciendo *flick, flick, flick*, sin que nada sucediera.

Después de un tiempo usted diría: "Al diablo con esto. Este encendedor no funciona". Y lo tiraría a la basura. Bueno, eso es lo que muchas personas hacen con la idea del ejercicio. Lo ponen en práctica, sin alimentarse adecuadamente, y después, desesperados, renuncian.

Sin embargo, no tiene que ser de esta manera. Al no convertirse en una víctima del mito de que el ejercicio es lo único que se necesita para adquirir una buena condición, aceptando el hecho de que una nutrición óptima es igual de importante que el ejercicio, estará más cerca de lograr el nivel de éxito que legítimamente merece.

Mito: Si las mujeres levantan pesas, se pondrán "musculosas".

Realidad: El ejercicio de resistencia ayuda a las mujeres a crear figuras esbeltas con tono muscular.

El número de mujeres que trabajan con pesas libres en Estados Unidos se ha duplicado en los últimos 10 años, de menos de ocho millones en 1988 a más de 17 millones en 1997. Casi la mitad de los competidores que completaron con éxito mi reto de transformación en 1999, son mujeres: esto implica un 5 por ciento en el primer año y 20 por ciento en el segundo. Y permítame decirle que sus transformaciones ¡fueron espectaculares! En muchos casos cambiaron *completamente* la forma de sus cuerpos.

Esto se debe en parte a que la grasa ocupa cinco veces más espacio que el músculo. Esto significa que si remplaza la grasa de sus caderas o de sus muslos con el mismo peso en músculo, se harán mucho más pequeños.

Las mujeres que se preocupan por hacerse "musculosas" con las pesas deben comprender esto: es la composición de su cuerpo la que determina cómo se verán. Al remplazar la grasa con músculo pueden lograr una transformación asombrosa, sin sentirse débiles ni enfermas. En realidad, las mujeres deberían preocuparse por no tener suficientes músculos, y no por tener muchos.

Mito: El entrenamiento con pesas es sólo para atletas jóvenes.

Realidad: Las personas de todas las edades deberían practicar el entrenamiento con pesas.

Si no hacemos ejercicio, perdemos masa muscular al ir envejeciendo. Y, aunque usted no lo crea, ¡este proceso empieza cuando tenemos 25 años! Esta es la edad en que la mayoría de los hombres y mujeres empiezan a notar que los niveles de grasa aumentan. Desde que cumplen treinta años hasta la mitad de los sesenta, el nivel de grasa corporal del estadunidense promedio a menudo se duplica, de cerca del 18 por ciento al 36 por ciento. En ese mismo periodo, la grasa corporal de la mujer estadunidense promedio puede aumentar del 33 al 44 por ciento.

Muy bien. Envejecemos y engordamos. Al engordar, perdemos masa muscular. Perdemos fuerza. Si perdemos fuerza, automáticamente nos debilitamos, nos ponemos frágiles y nos volvemos propensos a adquirir toda una serie de incapacidades físicas.

Pero esto no es inevitable. Recientes estudios universitarios mostraron que el entrenamiento con pesas ofrece una contribución importante a la calidad de vida de cualquier individuo, con frecuencia y especialmente en la de aquellos que atraviesan por sus años dorados. Un estudio de la Universidad Tufts mostró que un grupo de hombres entre los 60 y 72 años que practicaron un programa de entrenamiento con pesas de tres días a la semana, lograron un aumento en flexibilidad y fuerza de más de 200 por ciento. (Así que ya basta de esa tontería de que el entrenamiento con pesas "limita" los músculos. Estudios como este demuestran exactamente lo contrario: que el uso apropiado de pesas aumenta la fuerza y flexibilidad del cuerpo.)

Afortunadamente, los *baby boomers** que están envejeciendo ya se están dando cuenta de esto. Las estadísticas muestran que la gran mayoría de los estadunidenses que se han lanzado a hacer ejercicio recientemente, incluyendo el entrenamiento con pesas, está formada por hombres y mujeres de más de 50 años.

La realidad del asunto es que no necesita tener un alto nivel de condición física o alguna habilidad especial para empezar a entrenarse con pesas. No tiene que someterse a un acondicionamiento especial antes de hacer su entrada en un gimnasio. No importa cuál sea su nivel actual de condición física, ni si es principiante o ha entrenado durante años; si goza de buena salud, significa que está listo para entrar en este mismo momento al gimnasio.

* N. del T: Son las personas nacidas después de la II Guerra Mundial (1945) hasta mediados de los años sesenta, aproximadamente.

Mito: Entre más ejercicio haga, es mejor.

Realidad: Demasiado ejercicio *impide* obtener buenos resultados.

Todos los días me enfrento con este mito. Los entrenamientos que recomiendo son breves, intensos y muy eficaces. Estimulan los músculos y queman la grasa. Y toman menos de cuatro horas a la semana. Eso es todo lo que necesita. Y a pesar de lo que muchos creen, entrenarse más no es mejor. Realmente no lo es.

He aprendido luego de innumerables horas de investigación científica, de mi experiencia personal y, lo que es más importante, de miles de personas en el mundo real, que entrenar *demasiado* ciertamente nos aleja de nuestras metas. Esto no sólo es duro para el cuerpo, sino también muy agotador para la mente. Periodos de ejercicio breves e intensos producen resultados físicos espectaculares mientras que al mismo tiempo aclaran la mente, reducen el estrés y nos permiten concentrarnos en lograr las metas del día. (Esto suena muy bien, ¿no le parece?)

Sus entrenamientos deben proporcionarle la cantidad *exacta* de estímulo para desencadenar una respuesta de adaptación. Usted se ejercita con pesas sólo tres días de la semana y realiza un tipo especial de ejercicio aeróbico otros tres días de la semana, alternándolos. Nada más. Nada menos. Una vez que estimula los músculos, tiene que seguir adelante y empezar el proceso de recuperación, porque es en ese momento cuando se da la magia. (Le explicaré esa "magia" en un minuto.)

Con el ejercicio, al igual que con tantas otras cosas, no es tan simple como "entre más invierta, más obtendrá". Existe un punto decreciente después del cual, si usted sigue forzando su cuerpo, empezará a funcionar en contra suya.

He visto que la mayoría de las personas que entrenan mucho y obtienen pocos resultados raras veces piensan que el entrenar menos podría producirles mejores resultados y más rápidamente. En cambio, se ejercitan mucho tiempo y con mayor frecuencia ante la falsa suposición de que más es mejor. (¡Por favor, no cometa este error!)

Mito: Los músculos crecen mientras usted está haciendo ejercicio.

Realidad: Los músculos crecen mientras usted está descansando y recuperándose.

Como dije anteriormente, un entrenamiento intenso de levantamiento de pesas es sólo la chispa, pero la magia sucede después; no cuando está haciendo ejercicio, sino al estar descansando. Con esto en mente, echemos una mirada más cercana a lo que realmente queremos que suceda durante el entrenamiento con pesas.

Durante el entrenamiento, tratamos de lesionar ligeramente las fibras musculares al sobrecargarlas. No quiero entrar en muchos detalles anatómicos, pero cuando usted se entrena apropiadamente con pesas, ocasiona un microtrauma en un tejido muscular en particular. Una vez que esto ocurre, el cuerpo responde movilizando su fuerza de trabajo para reconstruir músculos.

Imagine que una célula nerviosa es una estructura, un edificio. E imagine que el ejercicio es como un pequeño terremoto. Después de que el temblor causa un daño estructural al edificio, un equipo de trabajo entra en acción para repararlo.

Esto es esencialmente lo que sucede después de un entrenamiento efectivo de pesas libres. Se han lesionado ligeramente las células musculares; entonces su organismo se moviliza para reparar ese daño. Este trabajo de reparación requiere de una energía que, bajo circunstancias adecuadas, será extraída de su grasa corporal almacenada. Esta es otra razón por la que el entrenamiento con pesas resulta eficaz para quemar grasa. En realidad llegará hasta la energía inactiva entre la grasa y la utilizará como combustible en el crecimiento del músculo cuando usted siga este programa.

Por supuesto que hay algo más, incluyendo la importancia de los nutrientes que probablemente no van a encontrarse en la grasa corporal almacenada: nutrientes como los aminoácidos (los cuales provienen de las proteínas de calidad), vitaminas, minerales, creatina y otros elementos esenciales para construir un cuerpo mejor.

No puedo insistir lo suficiente en lo importante que es darle tiempo a sus músculos para que este proceso pueda cerrar el círculo. Si vuelve a ejercitarse antes de que sus músculos hayan tenido tiempo para reconstruirse, creará un cortocircuito en el proceso de recuperación. Y eso *no* es bueno.

Volvamos a la analogía del terremoto una vez más. Imagine que la fuerza de reconstrucción estuviera en el proceso de reparación del edificio; casi ha terminado su trabajo, cuando se produce *otro* terremoto. Obviamente, esto dañaría más la estructura y la haría más débil y no más fuerte, ¿no es así?

El mensaje de esta analogía es que el objetivo de su entrenamiento es conseguir que se inicie este proceso: hacer que la magia se ponga en movimiento. Pero recuerde, es entre los entrenamientos cuando su cuerpo se reconstruye. Es entre los entrenamientos cuando sus músculos se reparan a sí mismos y crecen más fuertes y más firmes a cada momento. Es entre los entrenamientos cuando debe abastecer a su cuerpo con los nutrientes apropiados para alimentar sus músculos. Y es entre los entrenamientos cuando debe darse tiempo para descansar y relajarse, asegurando así su oportuna recuperación.

Mito: Levantar un peso es lo que estimula el crecimiento del músculo.

Realidad: Levantar *y* bajar un peso estimula el crecimiento del músculo.

En cualquier ejercicio de peso libre hay dos movimientos básicos. Uno se conoce como la fase concéntrica (levantar); el otro, la fase excéntrica (bajar). Durante la fase concéntrica de un ejercicio, el músculo se encoge o se contrae. Durante la fase excéntrica, ocurre exactamente lo contrario: el músculo se alarga.

Un buen ejemplo es el *bench press*. Cuando usted levanta un peso llevándolo desde su pecho hasta la posición de cierre, esa es la fase concéntrica o positiva del ejercicio; cuando baja el peso desde la posición de cierre hasta el pecho, es la fase excéntrica o negativa del ejercicio.

Existe suficiente evidencia para afirmar que el bajar un peso es tan importante como levantarlo. Es verdad. Resulta que al bajar el peso se ocasiona gran parte del daño en las células musculares y esto estimula una adaptación. Cuando se alarga el músculo, lo cual ocurre durante la fase excéntrica del ejercicio, literalmente se rasgan fragmentos de las fibras musculares, señalando el inicio de una fase de remodelación o crecimiento del músculo. (Sabrá en qué momento ha experimentado este fenómeno, porque un día o dos después de su entrenamiento, sus músculos estarán adoloridos. Esa es la señal de que "la tierra se ha movido".)

Así que cuando levante esas barras o esas mancuernas, tenga en mente que no debe dejar que la gravedad retorne a su posición inicial de una manera fortuita. Siempre, y lo repito, *siempre* contraiga sus músculos durante la fase excéntrica de un ejercicio: siempre baje el peso suavemente y despacio. Si no lo hace así simplemente estará perdiendo su tiempo.

El meollo del asunto es que debe concentrarse en levantar *y* bajar las pesas.

Mito: Un cierto número de grupos de ejercicios y repeticiones cumplen con el cometido.

Realidad: Un esfuerzo de alta intensidad produce los mejores resultados.

Permítame decirle que todos pueden beneficiarse incluso con un programa de levantamiento de pesas casual. Cualquier cantidad de ejercicio de resistencia, sin importar lo breve que sea, puede mejorar su salud en general, ayudarle a quemar calorías e incluso mejorar su sentido del humor. Entrenarse regularmente con pesas es una actividad muy agradable que puede mejorar la autoestima de cualquiera.

Lo diré una vez más: cualquier tipo de ejercicio es mejor que no practicar ninguno.

Pero si su meta es lograr una transformación importante, tiene que enfocarse en forzarse a sí mismo más de lo que nunca lo ha hecho.

Tendrá que entrenarse *con el corazón y con el alma*.

No sólo estoy hablando de entrenar "duro" ni me estoy refiriendo a cuántas horas a la semana pasa usted en el gimnasio; hablo de encontrar algo dentro de usted mismo, algo que no sabía, o no creía, que estaba allí. Hablo acerca de forzarse más allá de esos límites que actualmente considera infranqueables.

Muchas personas que hacen ejercicio con pesas y no obtienen resultados, pasan por alto esta realidad. Simplemente no entrenan con la suficiente intensidad para llevar sus cuerpos hasta el punto en que sus músculos se ven forzados a adaptarse y crecer. La mayoría de las personas *piensan* que están forzando lo suficiente. Pero *no es así*.

Recuerde, la percepción es la realidad. En ninguna parte se comprende esta lección con más claridad, en ninguna parte se redefinen los "límites" tan increíblemente, como en el entrenamiento de resistencia. Y ninguna lección que aprenda ni ninguna habilidad que desarrolle en el gimnasio podrá aplicarse más poderosamente durante el resto de su vida que esta: los límites con los que usted está viviendo ahora en todos los aspectos de su existencia, han sido creados por su mente. Son percepciones y lo están obstaculizando. Usted puede lograr mucho más de lo que cree.

La pregunta es si ya está preparado para empezar a avanzar y descubrir los verdaderos alcances de su potencial. Una vez más le digo que de eso se trata este libro: de las técnicas que ya expuse y del programa en el que esas herramientas deberán aplicarse, tanto en el cuerpo como en la mente.

Con el entrenamiento de resistencia y la *vida*, la realidad más simple e ineludible es que la intensidad máxima aparece *después* de que ha "percibido" el fracaso. Aquellos que pueden ir más allá de esto, que pueden forzarse a un punto más alto para llegar a un lugar en el que no han estado antes, son los que experimentarán resultados dramáticos más *rápidamente*.

Mito: Si quiere perder grasa y mejorar su cuerpo, no coma.

Realidad: Para construir un cuerpo esbelto, un cuerpo saludable, ¡usted *tiene* que comer!

Uno de los errores más críticos que cometen las personas cuando tratan de perder grasa y mejorar su salud es restringir gravemente la ingestión de alimentos. Eso no funciona. Nunca ha funcionado. Si usted intenta "matar de hambre" a la grasa no deseada, estará participando en un juego que no podrá ganar. Para obtener mejores resultados, necesita trabajar *con* su cuerpo, no *en contra de él.*

Nuestros cuerpos se han forjado a través de decenas de miles de años de evolución. Nuestra "programación genética" nos da la habilidad de controlar la producción de enzimas, lo que, a su vez, controla cada uno de los aspectos de nuestro metabolismo. Debido a este hecho, su cuerpo "contratacará" cuando se reduzca rigurosamente el consumo de alimentos; disminuirá el índice de quema de grasa. (Su código genético no tiene idea de que existe un McDonald's, un Burger King o una tienda de autoservicio cerca de su casa. Su código da por hecho que ha llegado una hambruna en vista de la escasez de alimentos.)

Bueno, ahora usted ya sabe que uno de los "mecanismos de supervivencia" de su cuerpo es disminuir el índice de su metabolismo cuando usted lo mata de hambre. Pero eso no es todo lo que sucede. También empieza a perder tejido muscular. Se sentirá cansado, débil e irritable. Su sistema inmunológico sufrirá también. Y desarrollará deficiencias nutricionales que harán que miles de los procesos metabólicos naturales de su organismo literalmente funcionen mal. En pocos días, su cuerpo hará sonar la alarma: "emergencia... emergencia... hace falta comida, comida, comida". Y lo siguiente que usted hará será abalanzarse sobre lo que tenga a la mano: galletas, helado, papas fritas, cereal y más galletas.

Las personas que se obligan a seguir una dieta de choque pierden peso corporal, pero se trata de una pérdida de peso muy desfavorable. Típicamente, la mitad de los kilos perdidos provienen de tejido muscular que es sacrificado. Es muy importante recordar que el músculo es el horno metabólico de su cuerpo.

El músculo utiliza la energía, incluso cuando usted está durmiendo. La grasa, sin embargo, sólo permanece ahí.

Para empeorar las cosas, cuando usted abandona la dieta (algo que todos los que están siguiendo un régimen de muy pocas calorías hacen en algún momento), volverá a ganar la grasa que perdió, y *más*. Eso es porque ha hecho que su cuerpo se convierta en una máquina de quemar grasa menos eficaz, al perder músculo.(Ahora usted puede comer menos y aún así ganar grasa: ¡qué gran plan!) Cuando trate de perder grasa nuevamente, tendrá que comer todavía *menos* para perder peso. Pero con el tiempo, renunciará a la dieta y ganará aún más grasa. Este aterrador proceso es lo que se describe popularmente como la "dieta del yo-yo".

Tal vez haya intentado adelgazar siguiendo una dieta baja en calorías, y quizá haya experimentado algunos de los efectos adversos que describí anteriormente. Yo sí lo he hecho. Y puedo decirle que no es broma. Me sentí inestable y fuera de control. Me debilité física y mentalmente. Por fortuna encontré una mejor manera: la manera correcta.

Lo que descubrí es que es posible perder grasa sin perder músculo; de hecho, usted puede perder grasa, ganar músculo y mejorar su fuerza mental y física al mismo tiempo. Y usted puede hacerlo en tan sólo 12 semanas. Pero para alcanzar tal objetivo *debe* deshacerse del mito de que no comer es la clave para perder peso. *Debe* aceptar que necesita una nutrición de calidad para construir un cuerpo mejor.

Mito: Comer correctamente significa hacer tres "comidas convencionales" al día.

Realidad: ¡Hacer *seis* comidas nutritivas al día es lo *ideal*!

Bueno, ya sabe que morirse de hambre no funciona y que el comer no sólo está "permitido", sino que es obligatorio. El siguiente mito que obstruye el camino es que sólo necesita hacer tres comidas convencionales al día.

No sé de dónde salió la idea de las tres comidas, pero definitivamente no era la manera en que nuestros ancestros comían. Si pone atención en cómo evolucionaron los seres humanos, verá que nuestros parientes lejanos eran "comedores frecuentes", y no se dedicaban a hacer comilonas.

Es revelador echar una mirada al reino animal y notar la relación entre los patrones alimenticios de las criaturas y sus "tipos" de cuerpos. En un extremo del espectro existen animales que consumen grandes cantidades de alimento en una sola "comida", y luego pasan días, semanas e incluso meses sin comer nada en absoluto. Los osos son el principal ejemplo de este tipo de comedores infrecuentes. Son lo que yo llamo *comelones.* Tienen enormes compartimentos para almacenar grasa corporal, para acumular reservas del combustible que necesitarán para subsistir de una comilona a otra. En el otro extremo del espectro del patrón alimenticio están los comedores frecuentes: los animales que comen casi constantemente pero en cantidades mucho menores, como los caballos, los búfalos y los alces, a los que yo llamo animales que *pastan.* Comparativamente hablando, estos animales tienen muy poca grasa corporal y mucho músculo magro.

Es indudable que debemos pastar y no hacer comilonas, ¿no cree usted?

Así que, ¿con qué frecuencia debe comer? La respuesta es: más a menudo de lo que lo hace actualmente. Para transformar su cuerpo, para verse mejor, sentirse bien y optimizar su salud, debe desarrollar un patrón alimenticio en el que alimente a su cuerpo con frecuencia a lo largo del día: un patrón que lo haga pastar. Sólo deben pasar unas cuantas horas (mientras está despierto) entre las comidas. Existen muchas razones para esto, y una de ellas es que comer a menudo le ayuda a mantener bajo control la "alarma de alimentación" de su cuerpo; le ayuda a convencer a su organismo de que no existe una hambruna a la vuelta de la esquina. Asimismo, existen estudios que muestran que comer a menudo ayuda a acelerar el metabolismo, con lo que usted quema más calorías. Y cuando pasta, es decir, cuando hace seis comidas más ligeras y nutritivas al día, su cuerpo absorbe y procesa mejor los alimentos que con las "tres comidas convencionales" que casi todos los estadounidenses hacen cada día.

Si come dejando pasar pocas horas, tendrá más energía, menos punzadas de hambre y deseos de comer, y estoy seguro de que definitivamente se sentirá mejor, mucho mejor. Además estará creando un "ambiente metabólico" que se traduce en una pérdida saludable de grasa y en ganancia de músculo.

Mito: Las personas que comen demasiado carecen de fuerza de voluntad.

Realidad: Comer demasiado es un instinto natural.

Aunque a algunas personas les cueste trabajo creerlo, los seres humanos no siempre han podido tener toda la comida que podían ingerir realizando una llamada telefónica o sentados al volante de un automóvil. Mucho antes de que existieran los teléfonos o los automóviles (hace decenas de miles de años), nuestros antepasados no tenían abundancia de alimentos. Eran cazadores-recolectores y, más recientemente, granjeros, que algunas veces tenían comida suficiente pero también periodos prolongados en los que tenían muy poco o nada que comer. Esta presión selectiva forzaba a sus cuerpos a desarrollar una habilidad casi ilimitada para almacenar el exceso de energía en forma de grasa corporal y los metabolismos se adaptaban para enfrentar periodos de dietas diferentes.

Tal situación ha creado un problema, pues nuestros cuerpos todavía están gobernados por ese "mecanismo de supervivencia", el cual tiene un efecto contraproducente en el mundo actual, en el que comer se ha hecho algo fácil. Simple y trágicamente, las personas en este país se han convertido en víctimas de la revolución de la comida industrializada. A dondequiera que vaya encontrará comida, comida, comida. Puede comprar una pizza y una hamburguesa con queso en casi todos los aeropuertos, en las estaciones ferroviarias, en los estadios deportivos, en los hoteles, en cualquier esquina... casi en cualquier parte. A dondequiera que vaya encontrará comida esperando por usted, rogándole que la ingiera, tentándolo y acechándolo.

Dejar que nuestros instintos cazadores-recolectores, o sea el código genético primitivo, controle nuestros patrones alimenticios, nos ha metido en problemas. Me parece que Estados Unidos en la actualidad es una nación de personas *sobrealimentadas y desnutridas*. Nos sobrealimentamos con calorías vacías. Nos sobrealimentamos con nocivas grasas saturadas. Nos sobrealimentamos con carbohidratos. Nos subalimentamos de proteínas. Nos subalimentamos de vitaminas y minerales. Estamos subalimentados en nutrientes que ayudan a mantener la vida. Y sobrealimentados en comida chatarra que quita la vida.

La cuestión es que nuestros instintos naturales, combinados con un sistema de distribución de alimentos que se ha vuelto loco, son culpables en parte de esta crisis de gordura.

Sin embargo, sólo porque es "natural" comer en exceso no significa que sea algo inevitable. Conocer al enemigo es muy importante para poder ganar la batalla.

Mito: Las dietas bajas en grasa y altas en carbohidratos funcionan mejor.

Realidad: Las personas engordan debido al "exceso de carbohidratos".

Es asombroso comprobar como en años recientes han surgido tantas dietas distintas, tantas maneras diferentes de "comer bien". Sin embargo, la que parece haber "pegado", la que parece ser recomendada y seguida con más frecuencia que ninguna otra, es la del plan alimenticio alto en carbohidratos y bajo en grasas y proteínas. Este tipo de dieta la recomiendan muchos nutriólogos e incluso algunos médicos.

Una de las razones por las que estas dietas altas en carbohidratos y bajas en grasa son tan populares, es porque en 1988 la Dirección General de Salud Pública de Estados Unidos recomendó que se restringiera el consumo de grasa alimenticia, y en respuesta, la multimillonaria industria de los alimentos empezó a fabricar todo sin grasa: helados, galletas, pastelitos, lo que fuera. En lugar de la grasa, se agregaron más y más carbohidratos. Y el mito de que "libre de grasa" significa "todo lo que pueda comer" se regó como pólvora. Pero aún así, en los últimos 10 años hemos seguido viendo un dramático aumento en la incidencia de la obesidad.

El hecho es que disminuir el consumo de grasa alimenticia y aumentar el de carbohidratos no es la mejor manera de adelgazar y estar saludable. No es la mejor manera de prevenir los problemas relacionados con no comer adecuadamente.

A través de los años he trabajado con muchas personas que han consumido una dieta baja en grasa y alta en carbohidratos y que han estado haciendo ejercicio, ¡pero todas han *engordado* más! Cuando les informé que sus dietas eran incorrectas, argumentaron con vehemencia que su método era el mejor. (Este mito es muy terco.)

Amigos, no sé todo acerca de todo, pero estoy seguro de ciertas cosas; una de ellas es que seguir una dieta alta en carbohidratos no le ayudará a transformar su físico, mejorar su salud y construir un cuerpo más fuerte, saludable y dinámico.

¿Se acuerda de esos parientes lejanos de los cuales le he hablado? ¿Los que eran cazadores y recolectores? Bueno, comían una dieta rica en proteínas. No comían galletas ni pastelitos ni dulces. Y, de acuerdo con los antropólogos, eran fuertes, tenían huesos bien formados, dientes saludables y muy rara vez estaban pasados de peso.

Sin embargo, hace aproximadamente unos 8 000 años, los egipcios aprendieron a cultivar y empezaron a consumir más carbohidratos, principalmente en forma de granos. Según los expertos, la salud de estas personas empezó a declinar. Pero, ¿por qué? Según el mito actual de que "los carbohidratos altos son mejores", los egipcios debieron haber sido más saludables y más esbeltos. Sin embargo, no resultó así. De hecho, se convirtieron en una sociedad obesa con enfermedades del corazón, falta de crecimiento y desnutrición.

El hecho es que nuestros cuerpos trabajan mucho mejor con un balance entre carbohidratos y proteínas. La proteína no sólo es esencial para construir músculos saludables y mantener un sistema inmunológico fuerte, sino que también ayuda a estabilizar los niveles de insulina, que es lo que yo llamo una "hormona que transporta nutrientes", como los aminoácidos y la glucosa (el azúcar de la sangre), entre otros, a las células. Pero cuando usted come demasiados carbohidratos por un periodo largo, su cuerpo se vuelve "resistente a la insulina", y llega a desarrollar una diabetes adulta, que puede llevarlo a la obesidad, a padecer enfermedades cardiacas y a muchos otros problemas de salud, incluyendo niveles de energía inestables y fatiga. Consumir una dieta alta en carbohidratos también puede estimularle el apetito y ocasionar cambios de humor impredecibles y desfavorables (sobre todo a media tarde). Es más, cuando los niveles de insulina se elevan, su cuerpo no quema grasa.

Por otro lado, la proteína proporciona niveles de energía estables por medio de su efecto sobre la insulina y el azúcar de la sangre. Consumir proteínas también le ayuda a controlar su apetito. Diversas investigaciones han descubierto que el efecto térmico (el aumento en la energía requerida para la digestión, absorción y eliminación de la comida ingerida) de una comida rica en proteínas es mucho mayor que el de una comida alta en carbohidratos.

Podría seguir hablándole sin parar sobre este tema, pero el fondo del asunto es que las dietas altas en carbohidratos funcionan en contra del organismo, no a su favor. La solución es balancear el consumo de carbohidratos y proteínas.

Mito: Comer bien significa evitar los malos alimentos.

Realidad: Debe evitar los malos alimentos y consumir los buenos.

Muchas personas saben que comer demasiado de ciertos alimentos no es saludable. Sin embargo, lo que todavía permanece "sin descubrir" es que no sólo necesita evitar las cosas malas, sino comer las cosas buenas. Verá, las cosas buenas pueden ayudarle tanto como las cosas malas pueden hacerle daño.

Fue Hipócrates, el fundador de la medicina moderna, quien dijo hace dos mil años: "Permita que los alimentos sean su medicina, y que la medicina sea su alimento". Lo que Hipócrates comprendió, y que es crucial para todos nosotros entenderlo, es que sólo cuando ponemos atención en lo que comemos, podemos evitar el abuso de alimentos nocivos y aumentar el consumo de alimentos saludables, que contienen los nutrientes necesarios para nuestros cuerpos. De hecho, lo que muchos están pasando por alto es que hay nutrientes en ciertos alimentos que, cuando se consumen con regularidad y en cantidades apropiadas, le permiten al organismo convertirse en su propia "farmacia" para protegerse y curarse.

Así que recuerde esto: virtualmente todos los alimentos tienen efectos "parecidos a las medicinas": pueden mejorar su salud o destruirla. Por ejemplo, si alimenta a su cuerpo sistemáticamente con un abundante suministro de nutrientes que actúan como antioxidantes, puede disminuir significativamente el riesgo de padecer algunos tipos de cáncer. Por otro lado, si abusa de los alimentos ricos en grasas saturadas, puede sufrir efectos secundarios mortales, como enfermedades cardiacas. Así que debemos enfocarnos no sólo en evitar los malos alimentos, sino en nutrirnos continuamente con alimentos buenos, como los que mencionaré más adelante.

Mito: Tiene que contar todas las calorías que ingiere.
Realidad: Debe contar "porciones", no calorías.

Muy bien, ahora usted sabe que comer con frecuencia es trascendental y también está consciente de la importancia de consumir una dieta balanceada de proteínas y carbohidratos. En este punto es cuando la mayoría de las personas con que trabajo, comenzaran a preguntarse en qué momento se van a complicar las cosas, cuándo empezaré a pedirle que cuente todas las calorías que come o quizás incluso a pedirle que pese sus alimentos en una báscula de cocina y todo ese trabajo tan complicado.

Bueno, si eso es lo que espera, siga esperándolo porque no va a suceder. He aprendido que la mayoría de las personas en el mundo real no cuentan las calorías. Sencillamente no lo hacen.

¿Cuál es la solución? En lugar de eso, contamos "porciones".

"¿Qué es una porción?", se preguntará usted.

Pues bien, una porción es una cantidad de alimento aproximadamente igual al tamaño de su puño cerrado o de la palma de su mano. Por ejemplo, si una papa cocida es del tamaño de su puño cerrado, es una porción para usted. Si una pechuga de pollo es del tamaño de la palma de su mano, esa es su porción adecuada de pollo.

Es muy simple seguir la regla de las porciones una vez que se adapta a ella. Siempre y cuando los alimentos que seleccione sean bajos en grasa (como papas cocidas, arroz integral cocido al vapor, salmón asado a la parrilla, pechuga de pollo asada y otros alimentos saludables que conocerá más adelante en este libro), no podrá cometer errores.

Mito: Si "come bien" no necesita tomar suplementos.

Realidad: Muchos estudios demuestran que necesitamos tomar suplementos.

A pesar de lo que algunos dietistas de la "vieja escuela" y otros "expertos" puedan decirle, en realidad existe una base científica para tomar suplementos alimenticios. De hecho, incluso el Instituto Nacional de la Salud de Estados Unidos (NIH) ha reconocido el papel nutricional de los suplementos dentro de los planes de nutrición que siguen las personas físicamente activas.

Considere esto: aunque tuviera un chef de tiempo completo en su cocina, o si pudiera pasar todo el tiempo, todos los días haciendo compras y preparando los "mejores" alimentos, aun así no tendría la certeza de estar consumiendo todos los nutrientes que su organismo necesita.

La cantidad de nutrientes, como la vitamina C que se encuentra en dos naranjas aparentemente idénticas que usted escoje en el supermercado, puede variar enormemente. ¿Hace cuánto tiempo que la fruta fue recogida en el campo? ¿En qué tipo de suelo creció? (Mucha de la tierra en Estados Unidos es deficiente en nutrientes esenciales.) ¿De qué parte del país proviene?

Es imposible predecir el valor nutritivo de varios alimentos. Y aun cuando usted supiera exactamente lo que contienen, no es práctico (si no es que resulta imposible) para la mayoría de las personas obtener de los alimentos regulares todos los nutrientes que sus cuerpos requieren para funcionar de manera óptima, sin consumir muchas más calorías de las que necesitan. Por eso es que he utilizado suplementos de vitaminas y minerales, así como licuados nutritivos, virtualmente todos los días durante los últimos 10 años. También recomiendo suplementos a los atletas, actores, doctores, abogados, mamás y papás, a *todas* las personas con las que trabajo.

Mito: Sólo debe tomar agua cuando tenga sed.

Realidad: Su cuerpo necesita más agua de la que le pide.

Los músculos saludables están compuestos por más de un 70 por ciento de agua. Y el agua es un mecanismo de transporte esencial para una inmensa cantidad de nutrientes como las vitaminas, los minerales e incluso los carbohidratos. Juega un papel muy importante en toda la actividad celular. Si su consumo de agua es bajo, su habilidad para transportar nutrientes se verá en dificultades, perderá fuerza y se sentirá pesado debido a la acumulación de amoniaco, urea, ácido úrico y otras basuras que no desea en su cuerpo.

Asimismo, si usted lucha contra la retención de líquidos, una de las mejores opciones para resolver el problema es beber más agua y no menos. La retención de líquidos es simplemente otra reacción del mecanismo de supervivencia de su cuerpo.

Beber agua también ayuda a controlar el apetito. Si le parece que las porciones de alimento que comerá no lo van a satisfacer, beba un vaso de agua antes de tomar su primer bocado. Después beba otro vaso de agua con la comida. Verá que esto le ayuda a aliviar la sensación de no haber comido lo suficiente.

No puedo dejar de recalcar lo importante que es el agua para su salud y para el adecuado funcionamiento de su organismo. La necesita constantemente. No importa si es agua embotellada o del grifo. Bébala durante y entre sus comidas. Bébala a menudo en gran cantidad.

Mito: Tiene que comer "perfectamente" todo el tiempo.

Realidad: No hay nada que pueda llamarse "comer perfectamente".

No sea demasiado duro consigo mismo si un día termina comiendo demasiado o sin la frecuencia necesaria. Si esto sucede, simplemente olvídelo y regrese a su programa. No se sienta derrotado, y *nunca* se dé por vencido.

Es muy decepcionante ver a personas que están logrando excelentes progresos, que están en el camino correcto para llegar a una transformación, y que sólo porque comen algo que no deben, o fallan a un entrenamiento, se dan por vencidas.

¡*Por favor* no haga esto!

Tenga presente que todavía no me he encontrado con un perfecto campeón de la transformación en la vida real, incluyendo a todos los que se mencionan en este libro, que no haya "metido la pata" de vez en cuando. Ellos tuvieron éxito porque perseveraron, *no* porque fueran perfectos.

Así que si tropieza alguna vez, simplemente olvídelo y decídase a hacerlo mejor de ahí en adelante. El simple hecho de que haya decidido mejorar es algo que lo hará sentirse orgulloso de sí mismo. Concéntrese en eso.

Y cuando sienta muchas ganas de comer, *lo cual le sucederá*, recuerde que *nada se saborea tanto como estar en la mejor forma de su vida.* También recuerde que sólo es comida. *Usted puede controlarla.* No permita que ella lo controle a usted.

Acepte el hecho de que nadie es perfecto y, sin embargo, *todos* tenemos el potencial para mejorar, el poder de cambiar.

Con esto en mente, caminemos hacia adelante *y arriba.*

Apreciación global sobre cómo separar el mito de la realidad

Mito: Los ejercicios aeróbicos son mejores que el entrenamiento con pesas para lograr una buena condición física.

Realidad: Para transformar su constitución física, *debe* entrenar con pesas.

Mito: Si usted hace ejercicio, no importa lo que coma.

Realidad: Si usted hace ejercicio, importa *aún más* lo que come.

Mito: Si las mujeres levantan pesas, se pondrán "musculosas".

Realidad: El ejercicio de resistencia ayuda a las mujeres a crear figuras esbeltas con tono muscular.

Mito: El entrenamiento con pesas es sólo para atletas jóvenes.

Realidad: Las personas de todas las edades deberían practicar el entrenamiento con pesas.

Mito: Los músculos crecen mientras usted está haciendo ejercicio.

Realidad: Los músculos crecen mientras usted está descansando y recuperándose.

Mito: Un cierto número de grupos de ejercicios y repeticiones cumplen con el cometido.

Realidad: Un esfuerzo de alta intensidad produce los mejores resultados.

Mito: Comer correctamente significa hacer tres "comidas convencionales" al día.

Realidad: ¡Hacer *seis* comidas nutritivas al día es lo *ideal*!

Mito: Las personas que comen demasiado carecen de fuerza de voluntad.

Realidad: Comer demasiado es un instinto natural.

Mito: Las dietas bajas en grasa y altas en carbohidratos funcionan mejor.

Realidad: Las personas engordan debido al "exceso de carbohidratos".

Mito: Tiene que contar todas las calorías que ingiere.

Realidad: Debe contar "porciones", no calorías.

Mito: Si "come bien" no necesita tomar suplementos.

Realidad: Muchos estudios demuestran que necesitamos tomar suplementos.

Mito: Sólo debe tomar agua cuando tenga sed.

Realidad: Su cuerpo necesita más agua de la que le pide.

Mito: Tiene que comer "perfectamente" todo el tiempo.

Realidad: No hay nada que pueda llamarse "comer perfectamente".

La Experiencia del Entrenamiento para Vivir Mejor^{MR}

Parte IV

Cuando se triunfa sobre la resistencia, se crea
el poder para llegar cada vez más alto.

Durante la última década he tenido la oportunidad de trabajar y aprender con algunos de los mejores entrenadores atléticos e instructores físicos del mundo, incluyendo a Mike Woicik, quien entrenó a los Vaqueros de Dallas durante 1993 y 1994, temporadas en las que ganaron el supertazón; Tim Grover, especialista en perfeccionamiento del deporte para atletas como Michael Jordan; y muchos otros. También he tenido la fortuna de trabajar y aprender con algunos de los mejores médicos, fisiólogos y científicos del mundo, incluyendo al doctor Eric Hultman, del mundialmente reconocido Instituto Karolinska de Suecia.

Y, como ya expliqué con anterioridad, he aprendido *mucho* de los miles de campeones de la vida real que han compartido conmigo sus éxitos y sus recaídas. También he usado mi propio cuerpo como terreno de investigación, probando todas las diferentes técnicas de ejercicio, supervisando y midiendo cuidadosamente los resultados, no sólo en el tamaño de mis músculos y en los niveles de mi fuerza y mi grasa corporal, sino también en la forma en que cada rutina afectaba la manera en que me *sentía*: mi habilidad para concentrarme en el trabajo, mis niveles de energía y mi claridad mental.

He recopilado todo lo que he aprendido, todo lo que he sentido y todo lo que he asimilado y lo he sintetizado para crear un método único y poderoso de transformación que denominé la Experiencia del Entrenamiento para Vivir Mejor.

No se trata sólo de una rutina de ejercicios. Es, como su nombre lo indica, una experiencia. Con esto quiero decir que usted no *sólo* la realiza, sino que la vive.

Todo lo relacionado con la Experiencia del Entrenamiento para Vivir Mejor está basado en principios verídicos y probados, formulados precisamente para ayudar a estimular el crecimiento de los músculos y la fuerza, así como para quemar la grasa corporal. Además, cada vez que usted ponga en práctica esta experiencia, estará entrenándose para establecer y alcanzar sus metas, practicar patrones de acción positivos, aumentar la concentración, superar la resistencia y convertirse en una persona más fuerte en todos sentidos.

La Experiencia del Entrenamiento para Vivir Mejor está basada en principios universales que ya han producido resultados para decenas de miles de personas. Esta experiencia *beneficiará* virtualmente a cualquier adulto saludable, sin importar su nivel de condición física. No digo que esta sea la única estrategia que funcione, pero le garantizo que si la sigue al pie de la letra, *obtendrá* resultados. Esto es porque, anatómica y fisiológicamente, todos los seres humanos son esencialmente iguales, y aunque ciertos factores genéticos varían, esto no significa que todas y cada una de las personas necesiten de su propio programa de ejercicios hecho a la medida. Hablando en plata, el mismo programa que funciona para mí también le funciona a mi mamá, a mis colaboradores, a mis amigos, a *todos*.

La Experiencia del Entrenamiento para Vivir Mejor no sólo es efectiva sino eficaz: requiere *solamente* del dos por ciento del tiempo del que usted dispone cada semana. *No* tiene que voltear su vida de cabeza para adaptarla a su rutina diaria. De hecho, en cuanto empiece a seguir este programa, se dará cuenta rápidamente de que no le toma tiempo, sino que le *crea* tiempo; es tan preciso y está tan bien orientado que enriquecerá su energía y su claridad mental, permitiéndole adaptarse mejor a su vida personal y profesional. Si realiza este singular ejercicio con regularidad, incluso podrá aumentar los activos, agradables y gratificantes años de su vida. De esta manera, no sólo creará unas horas extra a la semana, sino que literalmente añadirá años de actividad, diversión y *realizaciones* a su permanencia en este mundo.

La Experiencia del Entrenamiento para Vivir Mejor bien puede ser el programa de ejercicios más práctico y que más resultados produce. De hecho, creo que este logro, para el último día del año 2001, habrá ayudado a un millón de personas a transformar sus cuerpos y sus vidas.

Echemos un vistazo a las técnicas que lo hacen tan eficaz.

Análisis real del plan

Una de las claves de nuestro éxito será una meticulosa planificación. Antes de empezar cada sesión de entrenamiento, debemos saber qué ejercicios vamos a realizar, cuántos grupos de ejercicios practicaremos, el número de repeticiones y cuánto peso necesitaremos. Incluso planearemos con precisión el tiempo durante el cual vamos a entrenar, de principio a fin. Por consiguiente, pasaremos con rapidez de un ejercicio al siguiente con un claro sentido del propósito.

Nunca iremos a "entrenar" sin planearlo de antemano. Este es un error que cometen muchas personas. Usted puede verlas dando vueltas en el gimnasio, rascándose la cabeza, obviamente tratando de deducir qué harán a continuación. (Lamentablemente, esta puede ser también la manera en que viven sus vidas.) A menudo, lo que harán es observar lo que hace otro y lo imitarán. Desafortunadamente, lo que no saben es que aquellos cuyas acciones repiten, ¡tampoco saben lo que están haciendo! Es como si un ciego guiara (o desorientara) a otro ciego. Amigos, esta es la antítesis de la estrategia del Entrenamiento para Vivir Mejor. Lo que hacen estas personas es completamente arbitrario: es un experimento y un error, y en realidad sólo pierden el tiempo.

Para guiarlo paso por paso, día a día, a través de cada uno de los aspectos de este espectacular recorrido que está a punto de comenzar, he incluido los "Reportes de progreso diario" para la primera semana (consulte las páginas 193-205). De esta manera, usted puede planificar, anotar y analizar su entrenamiento y medir su progreso. No use estos reportes de progreso sólo para estar al tanto de lo que ha hecho; úselos para planificar a dónde se dirige.

A través de sus registros, usted puede ver claramente la ruta en que se encuentra. Si usted no se está transformando tan rápidamente como quisiera, puede regresar y descubrir los desperfectos con precisión. ¿Está realizando todas y cada una de las sesiones de ejercicio? ¿Está llegando a los niveles de intensidad adecuados? ¿Está haciendo demasiado o no está haciendo lo suficiente? Éstas son las preguntas que podrá hacerse y responder al llevar un registro diario detallado.

Por otra parte, cuando logre progresos rápidos, dispondrá de este registro para poder repetir las actividades que le han funcionado. He aprendido de experiencias pasadas que lo único peor que trabajar duro y no llegar a ninguna parte, es obtener resultados y no saber cómo se consiguieron. Si usted va del punto A al punto B y no sabe cómo llegó ahí, todavía está perdido.

Le toma menos de 10 minutos cada día mantener sus registros al corriente. Incuestionablemente, es uno de los ejercicios más importantes que puede hacer para asegurar su éxito.

La Técnica del Punto Más Alto[MR]

No requiere de un equipo de lujo para realizar los ejercicios de la Experiencia del Entrenamiento para Vivir Mejor que explico en la Guía de ejercicios de la página 153. Como podrá darse cuenta, estos ejercicios son muy básicos, y puede realizar la mayoría de ellos con un simple juego de barras con pesas y mancuernas en un gimnasio casero, o prácticamente en cualquier centro de acondicionamiento físico.

Lo más importante no es *qué* ejercicios realizamos sino *cómo* los realizamos. *Debemos* practicar estos ejercicios *intensamente* para producir resultados rápidos, lo cual nos trae a lo que llamo la Técnica del Punto Más Alto. Esta técnica está basada en algo que descubrí mientras trabajaba en el negocio de las revistas durante los últimos siete años.

Permítame explicarle... He trabajado con muchos fotógrafos ayudando a dirigir muchas sesiones de fotografía en todos esos años. Algunas veces usted toma fotos durante 11 horas y no logra ninguna fotografía de portada que valga la pena. Realmente puede ser muy frustrante. Se trabaja muy duro todo el día, pero sin obtener nada importante. Así funciona con la mayoría de los fotógrafos con los que he trabajado.

Por fortuna existen unas cuantas excepciones, pues algunos fotógrafos siguen una estrategia totalmente diferente. Empiezan con un plan rápido y calculado. Entonces encuentran su posición, toman una o dos fotografías de "calentamiento" y proceden a capturar el "momento". Eso es todo. Así termina la sesión fotográfica.

¿Y el resultado? Bueno, si usted ha visto las fotografías en portadas de revistas como *Sports Illustrated, People, Time* o incluso mi revista, se dará cuenta de esos resultados, que algunas veces son impresionantes.

¿Cómo pueden lograrse resultados tan extraordinarios en tan poco tiempo? ¿Por qué la mayoría de los fotógrafos que trabajan durante horas, incluso días, no son capaces de obtener fotografías similares en calidad?

Creo que lo que hace que estos fotógrafos sean tan eficaces, es que saben capturar el "momento importante". Un momento llamado el "punto más alto".

¿Qué tiene que ver esto con poder realizar un buen entrenamiento? Mucho, en realidad.

Mire usted, cuando trabaja en ello adecuadamente, no sólo puede conseguirse el punto más alto en una eventual sesión fotográfica, sino también en un gran entrenamiento, un día productivo en el trabajo y... también en una vida plena y satisfactoria.

Aquellos momentos en los que todo se reúne y usted llega más alto de lo que ha llegado otras veces (cuando hace lo que nunca ha hecho), aquellos momentos en los que se producen mejores resultados, son los que definen quién es usted y dónde está ubicado.

¿Tiene un álbum con fotografías de usted y su familia? Si lo tiene, ¿qué es exactamente lo que aparece? ¿Hay fotografías suyas al vestirse por la mañana?

¿Una instantánea mientras se amarra los cordones de los zapatos? ¿Conduciendo su auto al trabajo? ¿Sentado en su escritorio frente a un desorden de papeles? ¿Yendo a comprar víveres? Probablemente no.

Pienso que su álbum está lleno de fotos que reflejan momentos especiales. Parado en la cima de una montaña. El día de su boda. Los primeros pasos de su hijo. Cuando ganó un premio. Una celebración. Una magnífica sonrisa en la cara de uno de sus seres queridos, que lo hace sonreír también y le imbuye energía y optimismo. Todos estos momentos son los "puntos más altos", ¿está de acuerdo?

Piense en ello: los "grandes momentos" de Superman son sus puntos más altos. El resto, es decir, su vida como Clark Kent, es algo que casi nadie recuerda.

Para los atletas como Joe Montana, Michael Jordan, John Elway y Mark McGwire, los momentos que definen su grandeza son sus puntos más altos.

Estoy seguro de que ya captó el mensaje. Realmente no es un concepto difícil de entender una vez que toma conciencia de ello. Desafortunadamente, la mayoría de las personas no están conscientes del poder de esos puntos más altos, así que les resulta imposible crear los "momentos que importan". Los pocos puntos altos que la mayoría de la gente experimenta ocurren al azar, por accidente. Y eso no es bueno. Para que nuestras sesiones de ejercicio produzcan los mejores resultados rápidamente, debemos aprender a reconocer y crear los puntos más altos.

Se trata de *calidad,* no de cantidad

Una vez que desarrolle la habilidad de crear puntos más altos intencionalmente, no sólo experimentará más energía y mayor éxito en su vida, sino que también producirá resultados máximos en un tiempo mínimo prácticamente dentro de cualquier actividad. Así es como yo trabajo y me entreno.

Sin embargo, muchos "expertos en condición física" recomiendan que en cuanto logre ejercitarse durante 30 minutos con "comodidad", debe aumentar a 40 minutos. Después a 60. Y luego a 90. Ellos proclaman que "más es mejor".

Yo les preguntaría: *¿Por qué?*

¿Cuál es el objetivo de entrenar todo el día? Bueno, eso suena maravilloso, pero yo esperaba poder ponerme en forma y tener una vida.

Piense en esto: si más fuera mejor para que los grandes fotógrafos mejoraran, una sesión de fotografía que les tomaba una hora cuando eran "principiantes" ahora les tomaría una semana.

El hecho es que, cuando adquiere experiencia en cualquier cosa que realice, incluyendo el ejercicio, su objetivo será llegar más alto constantemente y hacerse cada vez más eficaz.

Una vez que desarrolle la habilidad de crear puntos cada vez más altos, no sólo experimentará un progreso continuo, sino que definitivamente nada podrá detenerlo. Esto es lo que lo hace crecer y estar siempre emocionado. Es lo que lo hace sentirse vivo. Estos momentos crean el dinamismo, y una vez que inicie el proceso, comenzará a alcanzar objetivos que nunca imaginó.

Ese es el motivo por el que no le recomiendo hacer ejercicio durante horas y horas. Nos preparamos, optimizamos nuestras mentes y cuerpos y entonces nos enfocamos en crear un punto alto.

¿Le suena un tanto místico? Bueno, considerémoslo desde un punto de vista científico por un momento. Durante nuestros entrenamientos intentamos estimular una respuesta de adaptación. Bien, ¿qué cree? Existen estudios que muestran que el estímulo requerido para desencadenar el crecimiento muscular sucede rápido o no se da en absoluto. De ahí la máxima: "Usted puede entrenar duro o durante largo tiempo". Es una cosa o la otra.

También tenga presente que el organismo humano tiene una habilidad limitada para recuperarse de la actividad física; por consiguiente, si continúa realizando ejercicio moderado o de baja intensidad después de alcanzar su punto alto, provocará un cortocircuito en su progreso porque extralimitará la capacidad de recuperación de su cuerpo. Es imperativo que comprenda que un punto alto es simplemente eso: un punto. No es un rellano en una escalera. No es un "lugar nivelado" al que se llega. No puede mantenerse en un punto alto. Sólo puede estar ahí durante un instante.

Por lo tanto, para cada entrenamiento, le pediré que sólo realice unos cuantos despliegues de ejercicios con una máxima intensidad. Estos ejercicios serán desafiantes. Cada semana le pediré que levante la barra un poco más, que llegue a un punto más alto. No le estoy pidiendo su "mejor esfuerzo". Quiero más que eso. Creo que su percepción de lo que significa el mejor esfuerzo puede ser una limitación autoimpuesta. Considero que usted es capaz de hacer mucho más de lo que cree, así que llegó el momento de hacer pedazos esas falsas barreras y descubrir su verdadero potencial.

Su punto alto es *su* punto alto

Con la Experiencia del Entrenamiento para Vivir Mejor, usamos una herramienta llamada Índice de Intensidad, que nos ayuda a crear puntos altos. Este "parámetro" se usa para medir el nivel de energía en que nos estamos enfocando. El Índice, que se muestra en la página siguiente, empieza en el nivel 1 y llega hasta el nivel 10.

En el nivel más bajo, el 1, usted tiene la energía necesaria para permanecer sentado en el sofá viendo televisión. El nivel 2 correspondería a la energía necesaria para estar de pie; el nivel 3, a la energía necesaria para caminar; el nivel 4, a la energía que requiere para cargar dos bolsas de comestibles desde el auto; el nivel 5 a la que necesita para cargar esas mismas bolsas de comestibles y subir un piso de escaleras; y así sucesivamente, hasta el nivel 10, que es el extremo, el 100 por ciento de esfuerzo concentrado.

El uso apropiado del Índice de Intensidad hace que la Experiencia del Entrenamiento para Vivir Mejor, por designio, sea autorreguladora. Y este es el motivo por el que prácticamente cualquier adulto saludable, sin importar su experiencia anterior con el ejercicio, puede llevar a cabo este programa. Por ejemplo, si usted es un principiante y sólo puede levantar 15 kilogramos en *bench press* y hacer 12 repeticiones, éste es su esfuerzo de mayor intensidad. Ahora bien, alguien que haya entrenado durante varios años podría alcanzar un esfuerzo de alta intensidad levantando 85 kilogramos 12 veces. La cuestión es que su punto más alto es sólo *suyo*. Es exclusivo de usted. Cuando se va adaptando y evoluciona, también lo hace este programa; de hecho, usted nunca puede superarlo.

Es muy importante que se dé cuenta de cuáles son sus puntos más altos. Un verdadero punto alto en algún entrenamiento, un verdadero nivel 10 de experiencia, es en el que usted puede decir honestamente que ha invertido hasta el último gramo de energía que tenía, haciendo acopio de toda su fuerza interna. Usted descubrirá que un verdadero punto alto viene de su mente, no de sus músculos.

Índice de Intensidad^{MR}

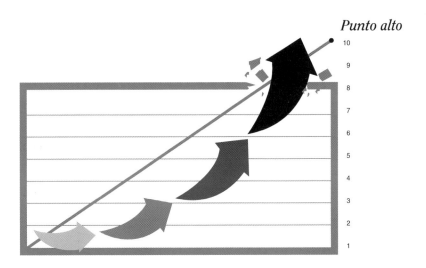

Punto alto

Después de terminar con el conjunto de ejercicios de mayor intensidad (para ese grupo de músculos) y antes de escribir si tuvo una experiencia a nivel 8, nivel 9 o nivel 10, debe contestar esta pregunta: ¿Podría haber hecho una repetición más si yo hubiera estado ahí, animándolo a que llegara más arriba, a que se impulsara un poco más?

Si responde con honestidad: "¡De ninguna manera!", entonces permítame felicitarlo. ¡Se anotó un 10!

Sin embargo, si su respuesta es algo así como: "Tal vez hubiera podido realizar otro", entonces probablemente obtuvo un 9, lo cual es un esfuerzo sólido. Celebre el progreso que ha logrado y planee intentarlo más arduamente la próxima ocasión.

No alcanzará un punto máximo todas las veces. Esto sería como si John Elway esperara tirar un pase para anotación cada vez que lo intenta. Un punto alto es algo así como un pase de anotación, un desafío, por lo que es un objetivo importante. Muy pocos de estos puntos altos que usted realizará en la vida van a resultar fáciles.

Con la Experiencia del Entrenamiento para Vivir Mejor, le indicaré precisamente cuándo debe alcanzar sus puntos más altos, y le pediré que califique su nivel de intensidad. Lo que vamos a hacer es crear un patrón de intensidad como si fuera una ola: siempre empezando con un nivel moderado y subiendo hacia un punto más alto. Los siguientes cuadros muestran el patrón de intensidad deseado en las rutinas de ejercicios para la parte superior e inferior del cuerpo, de las cuales hablaré más adelante en esta sección.

Experiencia de Entrenamiento de la Parte Superior del Cuerpo[MR]

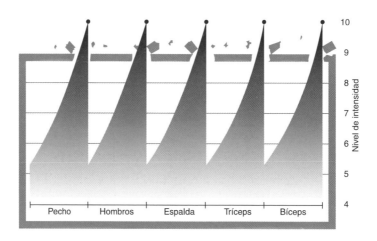

Experiencia de Entrenamiento de la Parte Inferior del Cuerpo^{MR}

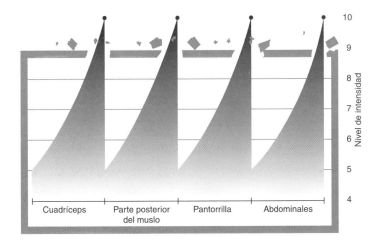

La Solución Aeróbica de 20 Minutos^{MR}

Si usted es como la mayoría de las personas, probablemente ha practicado algo, o quizá mucho ejercicio aeróbico, pero no ha notado mucha diferencia. Y la idea de seguir practicándolo ya no le parece tan atractiva.

Después de todo, si funcionaran esas rutinas de ejercicios tan aburridas y sin enfoque que millones de personas realizan semana tras semana, ¿por qué tantos hombres y mujeres con sobrepeso que toman esas clases de aeróbicos durante meses lucen exactamente igual ahora que hace un año?

¿No sería maravilloso que existiera una alternativa aeróbica, algo que fuera mucho más eficaz? ¿Algo que produjera resultados máximos en un tiempo mínimo?

Bueno, ¿qué creen? Sí la hay.

Yo la llamo la Solución Aeróbica de 20 Minutos.

Es un entrenamiento insuperable que incorpora la Técnica del Punto Más Alto y el Índice de Intensidad, transformando así los ejercicios aeróbicos comunes y corrientes en un suceso extraordinario que, como nuestra rutina de entrenamiento para el peso, es tanto autorreguladora como evolutiva. Esto significa que, sin importar su condición física actual, usted está listo para la Solución Aeróbica de 20 Minutos. Y nunca podrá superarla.

A pesar de lo que les han dicho a millones de personas, el ejercicio aeróbico de larga duración y baja intensidad no es el mejor método para que el cuerpo se libere del exceso de grasa. Probablemente usted siempre ha sabido en su interior que ejercitar al máximo su trasero quema más grasa que los ejercicios que le permiten tomarlo con calma, ¿no es así? Pues bien, muchos estudios científicos y miles de experiencias reales demuestran que usted que tiene razón.

Las investigaciones no sólo indican que el ejercicio de alta intensidad quema grasa más eficazmente que el de baja intensidad (hasta un 50 por ciento más), sino que también estimula su metabolismo y lo mantiene acelerado durante algún tiempo después de su entrenamiento. Así que olvídese del cuadro que le indica las "calorías quemadas" y que puede leer en un costado de su caminadora o su bicicleta fija. En este programa, la mayor parte de las calorías se usarán en la hora siguiente a los entrenamientos, siempre y cuando no coma nada durante ese lapso.

Para aumentar los efectos de quemar grasa de estos entrenamientos, realícelos por la mañana, en ayunas. Estudios científicos indican que la grasa se quema mucho más rápido (hasta un 300 por ciento más rápido) cuando se realiza el ejercicio por la mañana, en lugar de hacer el mismo ejercicio por la tarde. (A propósito, si su objetivo primordial es perder grasa corporal, considere hacer sus entrenamientos con pesas por la mañana, también con el estómago vacío.)

Este programa implica realizar sólo 20 minutos de ejercicio aeróbico tres veces a la semana, ni más ni menos. Su desafío consiste en hacer de cada uno de esos entrenamientos los 20 minutos más eficaces para quemar grasa y mejorar la salud que usted pueda lograr. Para ello, sólo utilice el Índice de Intensidad y siga los números del cuadro en la página 71.

Déjeme mostrarle lo simple que es. Lo que hacemos es seleccionar un ejercicio como caminar, trotar, montar en bicicleta fija, usar la banda rodante, etc. Puede variar sus ejercicios aeróbicos en cada sesión, si lo desea. Por ejemplo, a menudo realizo mi ejercicio aeróbico en casa, en una bicicleta fija. Otras veces, camino o troto al aire libre, y también utilizo la banda rodante. Siempre y cuando sea el tipo de ejercicio aeróbico que le permita aumentar la intensidad en intervalos, le funcionará muy bien.

Empezamos con una fase de calentamiento de dos minutos con un esfuerzo de nivel 5 de intensidad. Si no ha estado ejercitándose con regularidad, podría alcanzar el nivel 5 en el Índice de Intensidad simplemente caminando. Sin embargo, si ha venido realizando bastante ejercicio, el nivel 5 podría estar en un trote corto bastante enérgico. Lo que siempre se debe recordar es que su nivel 5 es *su* nivel 5, y mi nivel 5 es *mi* nivel 5.

Ahora, después de dos minutos a un nivel 5 de esfuerzo, vamos a subirlo un poco. Cuando alcanzamos un nivel 6 de esfuerzo, nos mantenemos así durante un minuto; entonces aumentamos la intensidad de nuestro esfuerzo hasta el nivel 7 durante un minuto, antes de subirlo un poco más hasta el nivel 8, en el que nos mantenemos durante otro minuto; entonces subimos al nivel 9 y mantenemos ese esfuerzo de alta intensidad durante un minuto, y enseguida bajamos hasta el nivel 6, lo cual implica un esfuerzo relativamente moderado.

Repetimos este patrón tres veces, pero en el último ciclo (entre el decimoctavo y el decimonoveno minuto de este entrenamiento de 20 minutos), no nos detenemos en el nivel 9, sino que tratamos de alcanzar un punto más alto, ¡buscamos el 10! Entonces regresamos al nivel 5 durante un minuto, y habremos terminado.

El cuadro de la página siguiente muestra el patrón de intensidad de la Solución Aeróbica de 20 Minutos que acabo de describirle.

A propósito, un "esfuerzo de alta intensidad" no significa realizar una carrera corta a una velocidad extrema. Si no ha intentado correr así desde que era niño, puede buscarse una seria lesión. No arranque como si estuviera abandonando un edificio en llamas, o se *consumirá* mucho antes de que llegue el minuto número veinte.

Para algunos, un esfuerzo intenso significa simplemente subir una colina. Si éste es el caso, no se desanime en lo absoluto. En este programa se trata de mejorar, de ir hacia adelante en una forma positiva, y eso es algo que todos podemos hacer si nos decidimos.

Recuerde que no tendrá un nivel 10 de experiencia en todos los entrenamientos. Pero debe intentar llegar a un nivel de desempeño cada vez más alto o nunca podrá lograrlo; permanecerá en la zona de consolación y no forzará a su cuerpo a adaptarse; por lo tanto, aunque se ejercite regularmente, no obtendrá resultados.

Esto es lo que le sucede a tantas personas bien intencionadas que siguen las rutinas convencionales de ejercicios; rutinas que por principio son autolimitantes. Con esto quiero decir que *no* le proporcionan un plan o una ruta a seguir que le permita mejorar constantemente. Lo que muchas rutinas de ejercicios hacen en realidad es "entrenarlo" para permanecer en un cierto nivel. Estos programas no evolucionan. Son estáticos; están atorados. (¡No es de extrañarse entonces que las personas que siguen estas rutinas pasadas de moda permanezcan atoradas también!)

La Solución Aeróbica de 20 Minutos^{MR}

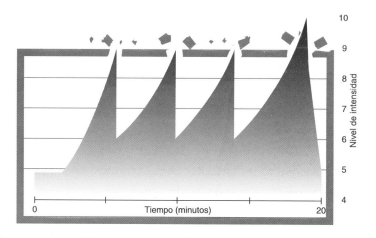

De cualquier manera, cuando aplica el Índice de Intensidad adecuadamente tanto a su entrenamiento de resistencia como a sus ejercicios aeróbicos, nunca volará hasta el techo. Siempre irá subiendo a puntos cada vez más altos. Y esto significa que continuamente estimulará sus músculos mientras pierde grasa. Metabólicamente se hará más eficiente. Su cuerpo quemará grasa en una proporción significativamente más elevada, incluso mientras está sentado en su escritorio, manejando su automóvil o leyendo un libro... e increíblemente hasta cuando esté durmiendo.

Compartiendo la experiencia

Así que ahora entendemos la importancia de la planificación y de llevar registros. Hemos descubierto una nueva y poderosa estrategia de crecimiento en la técnica de los puntos más altos. También vimos cómo el Índice de Intensidad nos ayudará a tener un progreso constante. Sin embargo, todavía no hemos terminado. Ahora bien, para ayudarlo a reunir todos estos elementos en su beneficio, compartiré con usted la forma en que utilizo las herramientas y las técnicas del Entrenamiento para Vivir Mejor, para construir mi condición física y mejorar mi calidad de vida.

¿Está listo? Pues manos a la obra.

Empiezo la noche anterior planificando el entrenamiento del día siguiente, en este caso, el domingo por la noche. Al revisar mi agenda veo que el lunes está complicadísimo. Tengo reuniones, docenas de memorandos por escribir, dos artículos que debo terminar para mi próxima revista, y sé lo suficiente como para esperar lo inesperado. Los lunes por lo general son los más desafiantes, así que planificaré mi entrenamiento con pesas para la parte superior de mi cuerpo por la mañana; de ese modo estaré seguro de realizarlo y no tendré que pensar en ello durante el día.

Planeo mi entrenamiento utilizando las mismas formas de reportes diarios de progreso del Entrenamiento para Vivir Mejor que aquí le proporciono a usted. He adjuntado una hoja de mi diario en la página 83.

Note que lo único que tengo que planear son los ejercicios que haré y el peso que pienso usar. El patrón de repeticiones, el tiempo de descanso entre los grupos de ejercicios y el patrón de intensidad siempre son los mismos.

Sólo me toma aproximadamente cinco minutos planear mi entrenamiento. Le recomiendo que haga lo mismo: invierta unos cuantos minutos la noche anterior y piense cuál sería el mejor momento para ejercitarse al día siguiente. Después, planifique los ejercicios a realizar y el peso a usar.

Ahora bien, si estuviéramos realizando este entrenamiento juntos y usted no tuviera la seguridad sobre qué peso usar para un ejercicio, el *bench press* con mancuernas por ejemplo, le daría unas de 5 kilogramos para hacer su primer grupo de ejercicios con ellas. Si le resultara muy fácil (como un nivel 3 de intensidad), yo no dejaría que soltara las mancuernas y tomara unas más pesadas para otras 12 repeticiones. Usted escribiría en su reporte de progreso diario, bajo la columna "Real", qué peso usó y qué nivel de intensidad requirió. Así la próxima vez que entrene los músculos superiores del cuerpo, revisará este entrenamiento y sabrá que necesita más peso.

Le sugeriría que probara con mancuernas de 10 kilogramos la próxima vez. Si con éstas todavía no alcanza un nivel 5 de intensidad, un esfuerzo moderado, la próxima vez debería probar con mancuernas de 15 kilogramos. Y, por supuesto, si rebasa la marca, si selecciona un peso demasiado grande, puede quitarle dos kilos y medio. Es un proceso de afinación, pero conseguirá habituarse a él con rapidez.

Mi desafío de fuerza interna

Pensemos en un lunes por la mañana: despierto como a las 6:00 de la mañana, me pongo unos pantalones cortos, una playera cómoda, zapatos tenis y bebo dos vasos de agua. Siempre bebo agua en cuanto me levanto por la mañana, porque no la he tomado por lo menos en seis u ocho horas y mi cuerpo la necesita; el agua es muy importante para nuestra salud.

Hoy entrenaré en mi casa. Hay una habitación extra donde tengo un juego de pesas, un banco de entrenamiento y una pesa de barra. También considero que un cronómetro es parte importante del equipo de entrenamiento. Debe tener uno.

Empiezo mi entrenamiento del pecho con un *bench press* con mancuernas, tomando una de 20 kilogramos en cada mano. Me acuesto en el banco y levanto las pesas con la cadencia de Condición Física para Vivir Mejor. Sostengo las mancuernas arriba en una cuenta de uno y después las bajo despacio mientras digo: "Estoy construyendo mi Condición Física para Vivir Mejor". Hago una pausa a la cuenta de uno en la parte final del ejercicio y vuelvo a levantar las pesas.

Las mancuernas de 20 kilogramos son muy ligeras para mí, pero recuerde, sólo busco un nivel 5 de Índice de Intensidad. Eso significa que ni siquiera está cerca de un esfuerzo total. Estoy haciendo que circule la sangre, mis músculos se calienten y mi mente se disipe. Recuerde que acabo de salir de la cama.

Después de mi grupo de ejercicios echo a andar el cronómetro. Espero un minuto y entonces levanto un par de mancuernas de 25 kilogramos y realizo 10 repeticiones. Es un poco más intenso, pero podría realizar unas cuantas más. Espero un minuto y tomo un par de mancuernas de 30 kilogramos y realizo ocho repeticiones, lo que para mí requiere un nivel 7 de esfuerzo. Después de esperar otro minuto, tomo unas mancuernas de 35 kilos y realizo seis repeticiones.

Para este momento he empezado a sudar y también he despertado al enlace neuromuscular, que es el punto en que los músculos reciben una señal del cerebro para flexionarse. Estas señales son transportadas por neurotransmisores y fluyen a lo largo de su sistema nervioso como la electricidad a través de los cables. Hacen falta varias series de ejercicios para que este enlace neuromuscular se active. Pero una vez que se activa y lanza todo su voltaje, nos sentiremos más fuertes en la quinta serie de ejercicios en este entrenamiento; usted será capaz de levantar un peso 12 veces, cuando antes sólo podía levantarlo ocho veces. Sin embargo, este sistema nada más sirve durante un breve periodo; existe una ventana muy pequeña de oportunidad. Por eso es que diseñé la serie y el patrón de repeticiones como lo hice. (Vea mi ejemplo en el reporte diario de progreso en la página 83.) Y por eso es que debemos movernos rápidamente; con este programa no hay tiempo para la charla ociosa.

A lo largo del entrenamiento, mantengo la vista en el cronómetro para asegurarme de que sigo el programa. Mi meta es terminar en 46 minutos. Tener un tiempo límite me da una percepción de urgencia y me mantiene enfocado en mi misión.

En este punto, mi mente y mis músculos están listos para el esfuerzo de mayor intensidad. Levanto las mancuernas de 30 kilos, me acuesto en el banco, me concentro lo más que puedo y, mientras conservo una postura muy rigurosa, bajo las pesas, haciendo una pausa, y entonces vuelvo a subirlas mientras flexiono los músculos del pecho. Cuando llego a la octava repetición, mis músculos están calientes. Al llegar a la décima repetición, realmente están muy calientes. Y para la decimoprimera y decimosegunda repeticiones, ya son un *verdadero* desafío. Eso es el nivel 9.

Bajo las mancuernas de 30 kilos e inmediatamente tomo otras de 20 kilos, me vuelvo a acostar en el banco y esta vez, en lugar de hacer el *bench press* de mancuernas, hago mariposas o cristos. (Consulte la Guía de Ejercicios en la página 153 para obtener instrucciones detalladas y fotografías que muestran todos los ejercicios que realizo.) En esta serie, mis músculos ya están muy calientes para cuando llego a la cuarta repetición. Inhalo profundamente mientras bajo el peso con lentitud, y exhalo mientras levanto el peso de nuevo.

Más o menos para la séptima repetición, mis músculos están lo suficientemente calientes. Para la novena repetición, *en verdad* quiero soltar las pesas, pero sé, por experiencia, que aquí es exactamente donde quiero estar. Pienso: "Está bien, Bill, tres repeticiones más. ¡No te des por vencido ahora!"

Para este momento, la tierra se está moviendo: ya tenemos un terremoto a gran escala. Apenas llego a la décima repetición; es seguro que me encuentro en el nivel 9. Una vez que empiezo la decimoprimera repetición, inmediatamente cambio de entrenar mis músculos para apoyarme en mi fuerza interna. (Cuando usted llegue hasta aquí, sabrá de lo que estoy hablando.)

Antes de la decimosegunda y última repetición, hago una pausa y me pregunto: "¿Qué tan fuerte soy? ¿Qué tan poderosa es mi fuerza interna?" Entonces, me meto en mi interior y alcanzo el nivel 10, ¡superando la resistencia y logrando el éxito! (Ya he conseguido un objetivo y he alcanzado un punto alto. ¡Una buena manera de empezar el entrenamiento y, por consiguiente, de empezar el día!)

Me anoto un "10" en mi reporte de progreso y sigo adelante.

En este momento, realmente puedo sentir que la sangre circula hacia los músculos de mi pecho. Respiro pesadamente. Hablando de respiración, cuando haga sus ejercicios del entrenamiento con pesas debe inhalar profundamente, por la nariz, durante la parte excéntrica (negativa) del ejercicio, y exhalar profundamente, por la boca, durante la parte concéntrica (positiva). Por ejemplo, si realiza el *bench press*, cuando baje el peso debe inhalar, cuando lo suba, debe exhalar.

Tengo dos minutos para controlar mi respiración; inicio mi entrenamiento de hombros con el *press* de mancuernas sentado. Empiezo con 12 repeticiones con mancuernas de 15 kilos, espero un minuto, hago mi serie de 10, después de ocho y luego de seis. Sigo con mi plan, el cual se muestra en la página 83.

Una vez que preparo los músculos de los hombros, trato de llegar a la serie del punto más alto con 12 repeticiones del *press* con mancuernas sentado y de inmediato inicio mi siguiente ejercicio de hombros (llamado "levantamientos laterales") con todo lo que tengo, tratando de alcanzar ese nivel 10 de intensidad, en el que voy hacia arriba y hacia abajo.

En esta serie, después de 12 repeticiones, siento que podría haber realizado una o dos más. Muy bien, llegué al nivel 9. Sólo tomo nota de que la próxima vez que haga levantamientos laterales, trataré de usar mancuernas de 7 kilos en lugar de 5 kilos. (Es muy importante tomar notas y comparar su plan con lo que está realizando en los entrenamientos. Es un proceso constante de sintonización fina, en el que se deben aplicar ligeras modificaciones y así evolucionar.)

Recuerde que al hacer los ejercicios puede usar más o menos peso que yo. Eso no importa. Lo que importa es qué nivel de intensidad alcanza de acuerdo con su capacidad.

Sólo me quedan 22 minutos más para terminar, así que rápidamente empiezo con los remos con mancuernas para fortalecer los músculos de la espalda. Después de terminar mi quinta serie de este ejercicio, el cual practico 12 veces con 35 kilos, de inmediato hago un ejercicio llamado *pullover* con mancuernas. No olvide que puede encontrar fotografías y descripciones de todos estos ejercicios en la guía de la página 153. Asegúrese de realizarlos correctamente, ya que así no sólo aumentará la eficacia del entrenamiento, sino que evitará jalones innecesarios y distensiones musculares que pueden ocasionarse al realizar los ejercicios incorrectamente. (También puede ver demostraciones gratuitas en video de estos ejercicios en www.bodyforlife.com)

Lo que quiero decirle es que para cuando llegue a estas últimas repeticiones de la segunda serie de 12, su enfoque estará afinado como si fuera un rayo láser. No podrá pensar en otra cosa. Cuando sostengo un peso de 35 kilos sobre mi cabeza, lo último en lo que estoy interesado es en el trabajo de oficina. Se trata de la supervivencia del que tiene más condición. ¿Y sabe algo? Es una experiencia maravillosa. Estar realmente concentrado, respirando, sintiendo que la sangre circula, moverse y flexionarse, es algo grandioso (y conste que trato de no usar esa palabra muy a menudo).

A propósito, si tiene oportunidad de hacer ejercicio con un amigo, su cónyuge, su hermano o hermana (a veces incluso hago ejercicio con mi mamá), es una experiencia maravillosa para compartir. Es muy raro en estos días que las personas trabajen juntas para alcanzar sus metas, es decir, que realmente trabajen unidas para lograr algo positivo. Esto crea un vínculo muy poderoso. Cuando ustedes hacen lo que se proponen (asistir al entrenamiento) y se involucran en ello, también están erigiendo un respeto mutuo.

De cualquier manera, una vez que termino mi entrenamiento para la espalda, sigo con el del tríceps, termino mis series y prosigo con mis músculos favoritos: los bíceps.

Experiencia del Entrenamiento para Vivir Mejor^{MR}

Reporte diario de progreso

Patrón de intensidad

Fecha: *5/4/99*	Hora planeada para empezar: *6:05*	Hora real del inicio: *6:10*
Día: *1* de 84	Hora planeada para terminar: *6:51*	Hora real del término: *6:55*
Entrenamiento de la parte superior del cuerpo	Tiempo a completar: 46 minutos	Tiempo total: *45 minutos*

Grupos musculares de la parte superior del cuerpo	Ejercicios	PLANEADO				REALIZADO			
		Reps.	Peso (Kg)	Minutos entre series	Nivel de intensidad	Reps.	Peso (Kg)	Minutos entre series	Nivel de intensidad
Pecho	Bench press con mancuernas	12	20	1	5	12	20	1	5
	Bench press con mancuernas	10	25	1	6	10	25	1	6
	Bench press con mancuernas	8	30	1	7	8	30	1	7
	Bench press con mancuernas	6	35	1	8	6	35	1	8
Punto más alto	Bench press con mancuernas	12	30	0	9	12	30	0	9
	Mariposas con mancuernas	12	20	2	10	12	20	2	10
Hombros	Press con mancuernas sentado	12	15	1	5	12	15	1	5
	Press con mancuernas sentado	10	20	1	6	10	20	1	6
	Press con mancuernas sentado	8	22	1	7	8	22	1	7
	Press con mancuernas sentado	6	25	1	8	6	25	1	8
Punto más alto	Press con mancuernas sentado	12	22	0	9	12	22	0	9
	Levantamientos laterales	12	5	2	10	12	5	2	9
Espalda	Remos con mancuernas	12	55	1	5	12	55	1	5
	Remos con mancuerns	10	62	1	6	10	62	1	6
	Remos con mancuernas	8	65	1	7	8	65	1	7
	Remos con mancuernas	6	70	1	8	6	70	1	8
Punto más alto	Remos con mancuernas	12	65	0	9	12	65	0	9
	Pullovers con manuernas	12	35	2	10	12	35	2	9
Tríceps	Extensiones con mancuernas sentado	12	25	1	5	12	25	1	5
	Extensiones con mancuernas sentado	10	30	1	6	10	30	1	6
	Extensiones con mancuernas sentado	8	35	1	7	8	35	1	7
	Extensiones con mancuernas sentado	6	40	1	8	6	40	1	8
Punto más alto	Extensiones con mancuernas sentado	1	35	0	9	12	35	0	9
	Extensiones para tríceps acostado	12	10	2	10	12	10	2	10

En este momento, deberá llevar 37 minutos de entrenamiento de pesas para la parte superior de su cuerpo y le deben faltar 9 minutos todavía.

Bíceps	Curls con mancuernas sentado	12	12	1	5	12	12	1	5
	Curls con mancuernas sentado	10	15	1	6	10	15	1	6
	Curl con mancuerna sentado	8	17	1	7	8	17	1	7
	Curl con mancuerna sentado	6	20	1	8	6	20	1	8
Punto más alto	Curl con mancuerna sentado	12	17	0	9	12	17	0	9
	Curl con mancuerna de pie	12	15	-	10	12	15	-	9

NOTAS

Necesito aumentar el peso de mis mancuernas de 7 kilos para los levantamientos laterales la próxima vez. Necesito aumentar el peso de mis mancuernas para los pullovers de 35 a 40 kilos y hacer un mayor esfuerzo. ¡Fue un gran entrenamiento!

Termino mi última serie de alta intensidad con 12 repeticiones de *curl de pie* con mancuernas y verifico el reloj: he terminado exactamente en 45 minutos.

Ahora, me siento en el banco y simplemente tomo tres minutos para registrar mi entrenamiento real y compararlo con el planeado. Escribo unas cuantas notas como: "La próxima vez necesito aumentar el peso de mis mancuernas en los *pullovers* de 35 a 40 kilos y esforzarme más". Y como fue un gran entrenamiento, escribo: "Fue un gran entrenamiento". (Muy sencillo, ¿no le parece?)

Mi siguiente entrenamiento con pesas sera el miércoles. Ese día ejercitare los músculos abdominales y de las piernas usando las mismas herramientas y técnicas que en el entrenamiento que acabo de compartir con ustedes. Incluyo una copia de mi reporte diario de progreso en la página 87 para que lo revise.

Ahora, echemos un vistazo al entrenamiento aeróbico que desarrollo los martes, jueves y sábados.

Empezando el día con un punto alto

El martes por la mañana despierto a las 6:30 a.m., bebo dos vasos de agua, me pongo mi ropa de entrenamiento, salgo de mi recámara y subo a mi bicicleta fija. Este día no habrá entrenamiento con pesas, sólo un poco de ejercicio aeróbico para quemar grasa.

Empiezo pedaleando a un paso firme, un nivel 5 en el Índice de Intensidad. Hago esto durante dos minutos mientras reviso las metas que escribí. En ese momento empiezo a aumentar la resistencia en la bicicleta fija para esforzarme un poco más. Mantengo ese paso durante 60 segundos y una vez más aumento la resistencia para que se requiera un nivel 7 de esfuerzo, después alcanzo un nivel 8 y así sucesivamente. Sigo el plan descrito en la página siguiente.

Si usted nunca ha realizado ejercicios aeróbicos usando intervalos de intensidad, permítame advertirle algo. ¡No es sencillo! Cuando digo que hago

Solución Aeróbica de 20 Minutos
Reporte Diario de Progreso

Patrón de intensidad

Fecha: *5/5/99*	
Día *2* de 84	
Entrenamiento aeróbico	

Hora planeada para empezar: *6:40*	
Hora planeada para terminar: *7:00*	
Tiempo a completar: 20 minutos	

Hora real del inicio: *6:35*	
Hora real del término: *6:55*	
Tiempo total: *20 minutos*	

EJERCICIO	PLANEADO		EJERCICIO	REALIDAD	
	Minuto a minuto	Nivel de intensidad		Minuto a minuto	Nivel de intensidad
Bicicleta	1	5	*Bicicleta*	1	*5*
fija	2	5	*fija*	2	*5*
	3	6		3	*6*
	4	7		4	*7*
	5	8		5	*8*
	6	9		6	*9*
	7	6		7	*6*
	8	7		8	*7*
	9	8		9	*8*
	10	9		10	*9*
	11	6		11	*6*
	12	7		12	*7*
	13	8		13	*8*
	14	9		14	*9*
	15	6		15	*6*
	16	7		16	*7*
	17	8		17	*8*
Punto más alto	18	9	**Punto más alto**	18	*9*
	19	10		19	*9*
	20	5		20	*5*

NOTAS

Buen entrenamiento. Rápido pero eficiente.

¡Debo tratar de esforzarme más la próxima vez!

20 minutos de ejercicio aeróbico, las personas se burlan: "¿Nada más?", preguntan.

"Por supuesto –les digo–. Inténtenlo ustedes". Y cuando tratan de llevar a cabo la Solución Aeróbica de 20 Minutos, opinan otra cosa muy diferente.

Este entrenamiento aeróbico es un desafío. Pero lo que más me gusta es que es muy eficaz. (La eficiencia me gusta... mucho.)

De cualquier modo, para cuando termino mis 20 minutos de entrenamiento, respiro pesadamente, mi frecuencia cardiaca está elevada y veo que me he ejercitado bastante. Asimismo, el oxígeno fluye a mi cerebro. Es una excelente manera de empezar el día.

Donde yo vivo, en las colinas al pie de las Montañas Rocallosas, las mañanas de primavera y verano son absolutamente maravillosas. (No uso mucho esta palabra, pero eso es lo que son: ¡definitivamente maravillosas!)

Así que a menudo practico mis ejercicios aeróbicos de 20 minutos en el exterior durante esos meses. Existe una corriente muy energética cuando se está al aire libre. De hecho, es francamente antinatural pasar todo el tiempo bajo la luz artificial creada por el hombre dentro de una casa, oficina, centro comercial o tienda de comestibles. Por otra parte, no se trata de pasar tanto tiempo expuesto al sol, al grado de que su piel se queme y se arrugue como bolsa para cuando cumpla 42 años, pero no hay duda de que la luz directa del sol y el aire fresco revitalizan el cuerpo y la mente.

El entrenamiento es simple: salgo por la puerta delantera, echo a andar mi cronómetro y camino durante dos minutos. Gradualmente arrecio el paso, primero caminando y después trotando, luego trotando con mayor velocidad, después caminando de nuevo y así sucesivamente. Paso por cada uno de los cuatro ciclos de intervalos de intensidad.

No se equivoque, no me muevo como Terrell Davis cuando realizo el *sprint;* mi carrera de alta intensidad no es un "suceso de calidad mundial". Pero para mí es un desafío. Y trato de hacerlo cada vez mejor; alcanzar un poco más cada vez. Eso es lo que importa.

Experiencia del Entrenamiento para Vivir Mejor^{MR}

Reporte diario de progreso

Patrón de intensidad

Fecha: *5/6/99*	Hora planeada para empezar: *6:30*	Hora real del inicio: *6:40*
Día: *3* de 84	Hora planeada para terminar: *7:12*	Hora real del término: *7:25*
Entrenamiento de la parte inferior del cuerpo	Tiempo a completar: 42 minutos	Tiempo total: *45 minutos*

Grupos musculares de la parte inferior del cuerpo	Ejercicios	PLANEADO				REALIZADO			
		Reps.	Peso (Kg)	Minutos entre series	Nivel de intensidad	Reps.	Peso (Kg)	Minutos entre series	Nivel de intensidad
Cuadríceps	Press de piernas	12	125	1	5	12	125	1	5
	Press de piernas	10	150	1	6	10	150	1	6
	Press de piernas	8	175	1	7	8	175	1	7
	Press de piernas	6	200	1	8	6	200	1	8
Punto más alto	Press de piernas	12	175	0	9	12	175	0	9
	Extensiones de piernas	12	55	2	10	12	55	2	10
Parte posterior de los muslos	Encogimientos con mancuernas	12	15	1	5	12	15	1	5
	Encogimientos con mancuernas	10	17	1	6	10	17	1	6
	Encogimientos con mancuernas	8	20	1	7	8	20	1	7
	Encogimientos con mancuernas	6	22	1	8	6	22	1	8
Punto más alto	Encogimientos con mancuernas	12	20	0	9	12	20	0	9
	Curls de piernas acostado	12	35	2	10	12	35	2	10
Pantorrillas	Levantamientos de pantorrillas parado	12	100	1	5	12	100	1	5
	Levantamientos de pantorrillas parado	10	125	1	6	10	125	1	6
	Levantamientos de pantorrillas parado	8	150	1	7	8	150	1	7
	Levantamientos de pantorrillas parado	6	175	1	8	6	175	1	8
Punto más alto	Levantamientos de pantorrillas parado	12	150	0	9	12	150	0	9
	Levantamientos de pantorrillas sentado	12	100	2	10	12	100	2	9

En este momento, deberá llevar 31 minutos de entrenamiento de pesas para la parte inferior de su cuerpo y le deben faltar 11 minutos todavía.

		PLANEADO				REALIZADO			
Abdominales	Abdominales de piso	12	-	1	5	12	-	1	5
	Abdominales de piso	10	-	1	6	10	-	1	6
	Abdominales de piso	8	-	1	7	8	-	1	7
	Abdominales de piso	6	-	1	8	6	-	1	8
Punto más alto	Abdominales de piso	12	-	0	9	12	-	0	9
	Levantamientos de tronco en banco inclinado	12	10	-	10	12	10	-	9

NOTAS

Las extensiones de piernas se sintieron fantásticas: hubo una gran quema de grasa.

Las pantorrillas están ardiendo. Debo aumentar el peso a 110 kilos. la próxima vez.

Debo tratar de ir más rápido la próxima vez.

Su programa de 12 semanas del Entrenamiento para Vivir Mejor

	Lunes	Martes	Miércoles	Jueves	Viernes	Sábado	Domingo
1ª Semana	**Día 1** Entrenamiento con pesas para la parte superior del cuerpo	**Día 2** Solución Aeróbica de 20 Minutos	**Día 3** Entrenamiento con pesas para la parte inferior del cuerpo	**Día 4** Solución Aeróbica de 20 Minutos	**Día 5** Entrenamiento con pesas para la parte superior del cuerpo	**Día 6** Solución Aeróbica de 20 Minutos	**Día 7** Día libre
2ª Semana	**Día 8** Entrenamiento con pesas para la parte inferior del cuerpo	**Día 9** Solución Aeróbica de 20 Minutos	**Día 10** Entrenamiento con pesas para la parte superior del cuerpo	**Día 11** Solución Aeróbica de 20 Minutos	**Día 12** Entrenamiento con pesas para la parte inferior del cuerpo	**Día 13** Solución Aeróbica de 20 Minutos	**Día 14** Día libre
3ª Semana	**Día 15** Entrenamiento con pesas para la parte superior del cuerpo	**Día 16** Solución Aeróbica de 20 Minutos	**Día 17** Entrenamiento con pesas para la parte inferior del cuerpo	**Día 18** Solución Aeróbica de 20 Minutos	**Día 19** Entrenamiento con pesas para la parte superior del cuerpo	**Día 20** Solución Aeróbica de 20 Minutos	**Día 21** Día libre
4ª Semana	**Día 22** Entrenamiento con pesas para la parte inferior del cuerpo	**Día 23** Solución Aeróbica de 20 Minutos	**Día 24** Entrenamiento con pesas para la parte superior del cuerpo	**Día 25** Solución Aeróbica de 20 Minutos	**Día 26** Entrenamiento con pesas para la parte inferior del cuerpo	**Día 27** Solución Aeróbica de 20 Minutos	**Día 28** Día libre
5ª Semana	**Día 29** Entrenamiento con pesas para la parte superior del cuerpo	**Día 30** Solución Aeróbica de 20 Minutos	**Día 31** Entrenamiento con pesas para la parte inferior del cuerpo	**Día 32** Solución Aeróbica de 20 Minutos	**Día 33** Entrenamiento con pesas para la parte superior del cuerpo	**Día 34** Solución Aeróbica de 20 Minutos	**Día 35** Día libre
6ª Semana	**Día 36** Entrenamiento con pesas para la parte inferior del cuerpo	**Día 37** Solución Aeróbica de 20 Minutos	**Día 38** Entrenamiento con pesas para la parte superior del cuerpo	**Día 39** Solución Aeróbica de 20 Minutos	**Día 40** Entrenamiento con pesas para la parte inferior del cuerpo	**Día 41** Solución Aeróbica de 20 Minutos	**Día 42** Día libre
7ª Semana	**Día 43** Entrenamiento con pesas para la parte superior del cuerpo	**Día 44** Solución Aeróbica de 20 Minutos	**Día 45** Entrenamiento con pesas para la parte inferior del cuerpo	**Día 46** Solución Aeróbica de 20 Minutos	**Día 47** Entrenamiento con pesas para la parte superior del cuerpo	**Día 48** Solución Aeróbica de 20 Minutos	**Día 49** Día libre
8ª Semana	**Día 50** Entrenamiento con pesas para la parte inferior del cuerpo	**Día 51** Solución Aeróbica de 20 Minutos	**Día 52** Entrenamiento con pesas para la parte superior del cuerpo	**Día 53** Solución Aeróbica de 20 Minutos	**Día 54** Entrenamiento con pesas para la parte inferior del cuerpo	**Día 55** Solución Aeróbica de 20 Minutos	**Día 56** Día libre
9ª Semana	**Día 57** Entrenamiento con pesas para la parte superior del cuerpo	**Día 58** Solución Aeróbica de 20 Minutos	**Día 59** Entrenamiento con pesas para la parte inferior del cuerpo	**Día 60** Solución Aeróbica de 20 Minutos	**Día 61** Entrenamiento con pesas para la parte superior del cuerpo	**Día 62** Solución Aeróbica de 20 Minutos	**Día 63** Día libre
10ª Semana	**Día 64** Entrenamiento con pesas para la parte inferior del cuerpo	**Día 65** Solución Aeróbica de 20 Minutos	**Día 66** Entrenamiento con pesas para la parte superior del cuerpo	**Día 67** Solución Aeróbica de 20 Minutos	**Día 68** Entrenamiento con pesas para la parte inferior del cuerpo	**Día 69** Solución Aeróbica de 20 Minutos	**Día 70** Día libre
11ª Semana	**Día 71** Entrenamiento con pesas para la parte superior del cuerpo	**Día 72** Solución Aeróbica de 20 Minutos	**Día 73** Entrenamiento con pesas para la parte inferior del cuerpo	**Día 74** Solución Aeróbica de 20 Minutos	**Día 75** Entrenamiento con pesas para la parte superior del cuerpo	**Día 76** Solución Aeróbica de 20 Minutos	**Día 77** Día libre
12ª Semana	**Día 78** Entrenamiento con pesas para la parte inferior del cuerpo	**Día 79** Solución Aeróbica de 20 Minutos	**Día 80** Entrenamiento con pesas para la parte superior del cuerpo	**Día 81** Solución Aeróbica de 20 Minutos	**Día 82** Entrenamiento con pesas para la parte inferior del cuerpo	**Día 83** Solución Aeróbica de 20 Minutos	**Día 84** Día libre

Practico la Solución Aeróbica de 20 Minutos tres veces por semana y hago mis entrenamientos intensos con pesas también tres días a la semana, en días alternados. (Vea su Programa de Entrenamiento para Vivir Mejor de 12 Semanas en la página 88.) Gracias a este programa integrado de alta intensidad, mis músculos reciben todo la "estimulación" que pueden manejar. Hacer algo más que esto sería dar un paso hacia atrás, no hacia adelante.

Después de finalizar los entrenamientos, debemos enfocar nuestra atención en la nutrición.

Apreciación global de los principios de la Experiencia del Entrenamiento para Vivir Mejor^{MR}

- Entrene con pesas, intensamente, no más de 46 minutos, tres veces por semana: lunes, miércoles y viernes. Realice 20 minutos de ejercicio aeróbico con el estómago vacío, en cuanto se levante por la mañana, tres veces por semana: martes, jueves y sábado. Tómese el domingo, es su día libre.

- Entrene alternadamente los principales músculos de las partes superior e inferior del cuerpo. Por ejemplo, la primera semana realice el lunes el entrenamiento de la parte superior, el miércoles la parte inferior y el viernes la parte superior. La segunda semana, entrene la parte inferior del cuerpo el lunes, la parte superior el miércoles y la parte inferior el viernes. (Consulte el cuadro de la página anterior.)

- Haga dos ejercicios para cada uno de los grupos principales de músculos de la parte superior del cuerpo, los cuales incluyen: pecho, hombros, espalda, tríceps y bíceps; y de la parte inferior del cuerpo: cuadríceps, parte posterior del muslo y pantorrillas. Ejercite los músculos abdominales después de hacerlo con los de la parte inferior.

- Seleccione un ejercicio para cada grupo muscular y haga cinco series, empezando con una de 12 repeticiones; luego aumente el peso y haga 10 repeticiones, agregue más peso y ocho repeticiones y más peso aún para hacer otras seis repeticiones. Entonces reduzca el peso, haga 12 repeticiones e inmediatamente siga con otra serie de 12 repeticiones de algún otro ejercicio para ese grupo de músculos.

- En todos los levantamientos use una cadencia de dos segundos (diga: "Estoy Creando una Condición Física para Vivir Mejor") para bajar el peso, y de un segundo (diga "Condición Física para Vivir Mejor") para levantarlo, y "sostenga" ambas posiciones mientras "cuenta uno".

- Para cada grupo de músculos, descanse un minuto entre las primeras cuatro series. Enseguida complete las dos series finales sin descansar entre ellas. Espere dos minutos antes de continuar con el siguiente grupo de músculos. Complete este patrón cinco veces para la experiencia del entrenamiento de la parte superior del cuerpo y cuatro veces para la parte inferior.

- Siga el patrón del Índice de Intensidad y haga un esfuerzo para llegar a un nivel más alto cada semana.

- Siempre planee su entrenamiento con anticipación: la hora en que hará los ejercicios, qué ejercicios en particular, cuánto peso levantará y cuánto tiempo le tomará completar la sesión. Asimismo, lleve un registro preciso usando los reportes diarios de progreso de la Experiencia del Entrenamiento para Vivir Mejor que se encuentran en las páginas 193-205.

Método de Alimentación para Vivir Mejor^{MR}

Parte V

*Cuando nutre su cuerpo con energía
pura, se transforma de adentro hacia afuera.*

Piense en esto un momento: dentro de un año, virtualmente cada una de las células que ahora conforman su cuerpo habrá desaparecido.

No. Esto no significa que usted se vaya a evaporar ni que se acerca el Apocalipsis. El hecho es que todo su cuerpo se "regenera" cada año. Fuera lo viejo, venga lo nuevo. Su piel, sus músculos, incluso sus órganos están degenerándose y regenerándose constantemente. Está sucediendo *ahora mismo*. No es algo que va a empezar mañana o dentro de un mes o cuando festeje su próximo cumpleaños.

Puede estar tan seguro de ello como de lo que está leyendo en este momento, pues es un hecho que su cuerpo está en ese ciclo constante de regeneración.

El ritmo de este proceso depende de su edad. Alrededor de los 25 años, el proceso natural de "reconstrucción" que su cuerpo ha llevado a cabo desde su nacimiento, llega a una etapa en la que la degeneración ocurre más rápido que la regeneración. Un proceso similar se da con todos los organismos vivientes. Por ejemplo, una flor crece hasta que deja de hacerlo porque empieza a morir. Esto es natural.

Pero *no* es inevitable. A diferencia de las flores, nosotros *podemos* hacer algo al respecto. *Podemos* adaptarnos y evolucionar. No tenemos que perder músculo, ganar grasa, sentirnos cansados, darnos por vencidos y abandonarnos al envejecer. Si optamos por lo contrario, podremos vernos y sentirnos bien durante toda la vida. Tenemos la oportunidad de regenerarnos *si decidimos* hacerlo y *si sabemos* cómo lograrlo. (No se preocupe, yo le enseñaré exactamente cómo hacerlo.)

Ahora bien, ¿qué piensa usted que utiliza su cuerpo para regenerarse a sí mismo? ¿De dónde consigue los materiales para construir nuevas células cutáneas, células cerebrales, células musculares, células óseas, sangre nueva e incluso un corazón nuevo?

Si pensó que de la "comida", tiene razón. Verá usted, de una manera muy literal, ese antiguo refrán que dice: "Usted es lo que come", es verdad. Y aunque la mayoría escuchamos este refrán una y otra vez, me he dado cuenta de que muy poca gente lo entiende *en realidad*.

Muy pocas personas están informadas sobre los principios de la nutrición. No es algo que por lo general nos enseñen en la escuela o en el trabajo (a menos que usted trabaje conmigo), o que se pueda aprender de un entrenador o incluso de un instructor privado.

De hecho, muchos "expertos" llegan a encontrarse *más* confundidos que aquellos a quienes supuestamente pretenden ayudar. Algunas veces no saben lo suficiente y, créalo o no, otras veces saben *demasiado*. Con esto quiero decir que han leído tantos artículos y libros, han estado en tantos seminarios, expuestos a tanta información, que se sienten abrumados y sufren lo que se llama parálisis por análisis. Están tan metidos en el tema de la nutrición que a menudo se distraen en cosas sin importancia y no pueden ver claramente el panorama completo.

De lo que me doy cuenta es que la mayoría de las personas no tienen la menor idea del daño que se hacen con los alimentos que normalmente ingieren. Como tampoco están conscientes de lo bien que podrían verse *y* sentirse si dejaran de alimentarse fortuitamente y empezaran a *reconstruirse* a conciencia.

La buena noticia es que esto no tiene por qué ser complicado. Lo que he enseñado a miles de personas, y que usted está a punto de aprender, no es una ciencia de otro mundo. De hecho, cuando se familiarice con el tema, le parecerá demasiado simple. Una vez que descubra el método correcto para alimentar su organismo, nunca tendrá que aprenderlo de nuevo. Es como cuando aprendió a manejar: al principio lo hizo con cierto temor, pero con un poco de práctica se volvió un "as del volante".

Recuerde, la nutrición de calidad es tan importante como las técnicas de los ejercicios que vimos en la sección anterior. (El ejercicio es la *chispa*, la nutrición es el *combustible*. Sin *ambos* no puede existir una flama: no obtendría resultados.) Tan pronto como empiece a ejercitarse con intensidad debe comer *correctamente,* alimentando a su organismo con lo que *necesita* para regenerarse, de modo que pueda disfrutar de una mejoría rápida y gratificante. Con esto en mente, enseguida le presento una lista de los alimentos de calidad, ricos en nutrientes, que recomiendo:

Alimentos autorizados en la Alimentación para Vivir Mejor

Proteínas	Carbohidratos	Vegetales
pechuga de pollo	papa al horno	brócoli
pechuga de pavo	camote	espárragos
pavo molido magro	ñame	lechuga
pez espada	chayote	zanahorias
caballa	calabaza	coliflor
merluza	arroz integral al vapor	ejotes
salmón	arroz silvestre al vapor	pimientos verdes
atún	pasta	champiñones
cangrejo	avena	espinaca
langosta	cebada	tomate
camarón	frijoles	chícharos
filete cabeza de lomo	maíz	colecitas de Bruselas
filete sirloin	fresas	alcachofa
carne molida magra	melón	col
búfalo	manzana	apio
jamón sin grasa	naranja	calabacita
claras de huevo o sustituto	yogur sin grasa	pepino
queso *cottage* bajo en grasa	pan integral	cebolla

Elija una porción de proteínas y carbohidratos de cada columna para crear una comida. Agregue una porción de vegetales por lo menos a dos de sus comidas diarias.

Alimentos autorizados

Estoy seguro de que vio en este cuadro muchos alimentos que le gustan. Pero sólo debe elegir una porción de cada columna en cualquier combinación. Por ejemplo: pollo a la parrilla (proteína), arroz integral cocido al vapor (carbohidrato) y espinacas (vegetales). En esta lista de alimentos autorizados existen docenas de platillos diferentes que usted puede preparar. Le mostraré más ejemplos en esta sección, pero primero examinemos más a fondo algunos alimentos que nutrirán nuestros cuerpos y enriquecerán nuestras vidas.

Proteínas de calidad

Aves de corral (pollo y pavo)

Las pechugas de pollo y de pavo son excelentes opciones de alimentos íntegros en proteínas. Son bajas en grasa (una vez que les quite la piel y las hornee o ase a la parrilla en lugar de freírlas), altas en proteínas y puede conseguirlas prácticamente en cualquier lugar, en todo momento. Las puede asar, cocer al carbón, a la parrilla o sofreír ligeramente.

También puede comprar la carne de estas aves molida para preparar albondigón, tacos o hamburguesas. Sin embargo, le advierto que si compra pollo o pavo molido en la tienda de comestibles o en la carnicería, debe asegurarse de que la carne sea de *pechuga*. Casi toda la carne molida de aves tiene carne oscura y posiblemente algunos pedazos de piel o vísceras y otras "sustancias" no autorizadas aquí y de las cuales usted no querrá saber nada.

Pescados y mariscos

Los alimentos del mar son otra gran fuente de proteínas. Las buenas elecciones de pescado incluyen: salmón, atún, bacalao, merluza, halibut, perca, robalo, huachinango y pez espada. Los crustáceos como el cangrejo y la langosta también son altos en proteína y bajos en grasa. No puede equivocarse si se decide por ellos, siempre y cuando los hornee o ase a la parrilla y no los fría ni los cubra con mantequilla o con una salsa alta en grasa.

Carne roja (res, puerco, venado)

La carne roja es mala para usted; es un placer lleno de culpa, grasa y colesterol, ¿está de acuerdo? Bueno, no realmente. La carne magra es alta en proteínas y sólo contiene aproximadamente un siete por ciento de grasa. (Escoja filete, tapa de lomo, tapa de sirloin, pierna, aguayón, pulpa o falda, para alejarse un poco de las grasas saturadas.)

Aunque las enfermedades de las arterias coronarias continúan siendo la principal causa de muerte en Estados Unidos, el colesterol que se encuentra en la carne roja magra *no* es el culpable. La carne magra (tapa de lomo, 71 mg), el pollo (pechuga, sin piel, 72 mg) y el pescado (lenguado, 58 mg) son muy parecidos en su contenido de colesterol. La verdad es que el consumo excesivo de grasas saturadas y la falta de ejercicio adecuado son los factores que más contribuyen a la mayoría de las enfermedades del corazón.

Queso *cottage* bajo en grasa

De todos los alimentos con proteínas que puede elegir, el queso *cottage* bajo en grasa *quizá* ser el mejor. Es rico en aminoácidos, siendo uno de ellos la glutamina, que ayuda a mantener el metabolismo muscular. Y también es una proteína completa, lo que significa que contiene todos los aminoácidos necesarios para construir músculo nuevo, así como para satisfacer otros requerimientos proteínicos del organismo.

Otra ventaja del queso *cottage* bajo en grasa es que no tiene que cocinarlo; puede llevarlo consigo en una hielera o guardarlo en el refrigerador y tenerlo siempre a la mano cuando lo necesite.

Claras y sustitutos de huevo

Debido a que están repletas de proteínas, son bajas en calorías, no contienen colesterol ni grasa, las claras de huevo obtienen un "10". Tradicionalmente han sido fuente favorita de proteínas para los atletas y ahora las consumen diariamente muchas personas que siguen mi programa Condición Física para Vivir Mejor.

Sin embargo, le tengo una advertencia: nunca coma las claras crudas o poco cocinadas, ya que corre el riesgo de contraer salmonella. Para matar cualquier bacteria de salmonella que pueda estar en el huevo, tiene que hervirlo por lo menos siete minutos, escalfarlo durante cinco minutos, o freírlo por lo menos tres minutos de cada lado. Las *omelettes* y los huevos revueltos deben cocinarse hasta que estén secos.

La manera más fácil y económica de obtener claras de huevo es romper un huevo y quitarle la yema. Sin embargo, ya que no debe comer huevos crudos, en ocasiones los sustitutos de huevo son la mejor opción. Los Egg Beaters* me gustan más que las claras de huevo, sobre todo para preparar *omelettes*.

Carbohidratos de calidad

Papas

Si tuviera que mencionar mi alimento favorito con contenido de carbohidratos, sin duda diría que son las papas. Vienen en porciones convenientemente "fabricadas por la naturaleza". Todo lo que tiene que hacer es escoger una aproximadamente del tamaño de su puño cerrado. (¿Se da cuenta de lo simple que es?)

Las papas se llevan bien con casi todas las porciones de proteínas y son portátiles, refrigerables y, contra la creencia popular, tienen un gran sabor incluso sin mantequilla y sin crema agria. Puede cubrirlas con una cucharada de salsa, catsup, salsa para carnes e incluso son buenas solas.

Arroz integral

El arroz integral cocido al vapor (con esto de cocido al vapor quiero decir que no lo cueza con mantequilla) es mi segunda opción favorita de carbohidratos.

*N. del T.: Marca de sustituto de huevo, sin colesterol, que se vende en tiendas especializadas.

La diferencia principal entre el arroz integral y el blanco está en la forma en que se procesan, lo que cambia la manera en que el cuerpo utiliza los carbohidratos. Recuerde que la comida es la fuente de combustible para nuestro organismo. Y el arroz integral se quema más lentamente que el arroz blanco. Esto significa que usted tendrá más energía durante más tiempo si come arroz integral. Lo más importante que necesita recordar es que una porción de arroz integral cocido al vapor, combinado con una porción de proteína de calidad y una porción de vegetales, constituye una buena comida.

Avena

La avena es la elección favorita de carbohidratos de muchas personas que siguen el programa Condición Física para Vivir Mejor. Es fácil de preparar, nutritiva, barata y de buen sabor. (Yo espolvoreo NutraSweet y canela sobre la mía.)

Advertencia: existen muchas avenas instantáneas altas en azúcar y sería mejor que las evitara, especialmente considerando lo fácil que resulta comprar la famosa marca Quaker, de muy buena calidad.

Cebada

Aunque no es mi favorita, la cebada puede ser uno de los mejores alimentos con carbohidratos que existen. Se consigue en forma de hojuelas o de perlas, ambas formas pueden cocinarse y consumirse como cereal caliente. La cebada más nutritiva, e irónicamente la más difícil de conseguir, es la cebada sin cáscara. Normalmente la encuentra en las tiendas de alimentos naturistas.

Aunque la cebada suele usarse para preparar sopas, también se consume como cereal caliente, y aunque es algo insípida, puede mejorar su sabor agregando un poco de NutraSweet y canela.

Pasta

Espagueti, linguini, macarrones... como quiera que se llame, la pasta es una buena fuente de carbohidratos baja en grasa. La clave para que la pasta trabaje en su beneficio con este programa es reconocer la diferencia entre un plato y una porción. Muchas personas piensan que como es baja en grasa, pueden comer toda la pasta que quieran.

También es importante que no le agregue salsas ni mantequilla ni queso. Cuando yo como pasta, normalmente la como sola o le añado un poco de jugo de limón. Algo bueno, simple y limpio.

Camotes

Debido a su dulzura, muchas personas piensan que el camote es más alto en calorías que la papa. No es así. Debido a una enzima que existe en el camote y convierte los almidones en azúcares, el sabor de este vegetal es muy dulce. En realidad no tiene más calorías que la papa. Hornearlos, hervirlos o cocinarlos en el microondas son las mejores maneras de preparar los camotes; de hecho, pueden hacerse igual que las papas.

Asegúrese de que cuando los traiga a casa no los meta en el refrigerador, ya que ahí pueden endurecerse y amargarse. Almacénelos en un lugar fresco y seco, donde podrán conservarse durante un mes aproximadamente. Si se mantienen a temperatura ambiente en un anaquel de la cocina, sólo se conservarán alrededor de una semana.

Yogur

El yogur califica como una opción de carbohidratos dentro de nuestro programa, lo cual por supuesto quiere decir que debe combinarse con una porción de proteína para constituir una comida. A veces mezclo yogur sin grasa y queso *cottage* para preparar una comida fácil y rápida a media mañana o a media tarde. Sin embargo, no estoy hablando del yogur congelado, demasiado alto en azúcar para estar incluido en mi lista de alimentos autorizados. Recuerde que el yogur no es una comida: debe combinarlo con una proteína.

Fruta

He aquí otro carbohidrato que la naturaleza ha dividido en porciones para nosotros. Una manzana, una naranja, un durazno, un plátano: todas son porciones de carbohidratos ricas en nutrientes; generalmente son portátiles, y si las combina simplemente con una porción de proteína, ya tiene una comida.

Pan integral

Normalmente, cuando las personas empiezan con el programa Condición Física para Vivir Mejor, intento apartarlas del pan, las galletas, los pastelillos y otros alimentos con carbohidratos que han consumido durante mucho tiempo, y aunque soy renuente a "autorizar" el pan, sólo lo hago con la condición de que sea integral y de que comprendan que una porción generalmente, a menos que tenga manos muy grandes, sólo son dos rebanadas o una tortilla de trigo integral. Por lo tanto, los alimentos autorizados pueden incluir un par de mis favoritos: un sandwich de pollo asado o pollo en pan de centeno.

Vegetales

Se trata de alimentos muy nutritivos y saludables, que aunque no son una fuente importante de proteínas o carbohidratos, deben ser incluidos por lo menos en dos de sus comidas diarias. Entre ellos se encuentran: espinaca, brócoli, jitomate, zanahorias, lechuga, coliflor, apio, pepinos, ejotes, chayote, espárragos, col y champiñones.

Estos vegetales no sólo son bajos en calorías sino altos en fibra y/o contienen antioxidantes (los cuales, segun estudios científicos, ayudan a prevenir el cáncer) y sencillamente son muy buenos para usted, si no se cocinan con mantequilla, se cubren con queso o se fríen en aceite. Puede comprarlos frescos o congelados y servirlos crudos o ligeramente cocidos al vapor.

Grasas saludables

A pesar de la creencia popular, no todas las grasas son malas: el enemigo son las grasas saturadas. Las grasas no saturadas, en cantidades moderadas, incluso pueden ser beneficiosas. Por ejemplo, una de las razones por las que el pescado es un alimento tan saludable, es porque contiene ácidos grasos esenciales que ayudan a su organismo a quemar grasa más eficazmente y lo protegen de ciertas enfermedades.

Existe una regla general para saber qué grasas son buenas y cuáles no: si la grasa se encuentra sólida a temperatura ambiente, como la mantequilla, la margarina o la manteca, son malas noticias. (Un par de excepciones a esta regla serían el aceite de palma y el aceite de coco: ambos son grasas saturadas que se almacenan principalmente como grasa corporal y ocasionan un aumento en los niveles de colesterol.)

Las grasas buenas incluyen el aceite de cártamo, el aceite de ajonjolí, el aceite de canola y la grasa de los aguacates. Ahora bien, esto no significa que necesite una porción de cualquiera de estas grasas. El tomar solamente una cucharada al día puede proporcionarle los ácidos grasos esenciales que necesita su organismo. Por ejemplo, puede mezclar una cucharada de aceite de cártamo con vinagre y usarlo como aderezo para sus ensaladas. Y si come pescado, especialmente salmón, por lo menos tres veces por semana, lo más probable es que de ahí obtenga todos los ácidos grasos esenciales que requiere.

La Ventaja para Obtener un Buen Desempeño Nutricional[MR]

Aunque le parezca que comer seis veces al día resulta caro e implica pérdida de tiempo, he descubierto un método que le ahorra tiempo y dinero logrando a la vez que usted pueda "comer correctamente". Incluye el consumo de un licuado nutricional de alta tecnología diseñado por mi compañía

Experimental and Applied Sciences (EAS, Ciencias Experimentales Aplicadas). El licuado se llama Myoplex y ya ha ayudado a miles de personas a concluir su programa. De hecho, prácticamente todos los que terminaron nuestro último desafío de transformación de 12 semanas consumieron Myoplex.

Yo llamo al Myoplex la Ventaja para Obtener un Buen Desempeño Nutricional, porque ofrece una "opción extra" para los que han aceptado mi desafío de poner a prueba el programa Condición Física para Vivir Mejor, pero que no están acostumbrados a hacer comidas frecuentes altamente nutritivas día tras día.

Myoplex es tan simple como un polvo que se mezcla con agua en una licuadora o batidora, y en menos de un minuto obtiene un "superlicuado" (como una malteada nutritiva) que contiene la mezcla precisa de nutrientes que requiere su organismo para mantener una buena salud y recuperarse rápidamente de los entrenamientos agotadores.

Piénselo de esta manera: digamos que toma un carrito de comestibles lleno de alimentos saludables como carne magra, frutas, verduras y productos lácteos y extrae los nutrientes importantes, todo lo bueno que su cuerpo necesita, y los coloca en un lugar; entonces se deshace de todo el sobrante, que son las calorías excesivas y las grasas saturadas.

Si usted tomó todo lo bueno y lo combinó en las proporciones correctas tendrá un alimento balanceado: una fórmula exacta que le ofrece los efectos bioquímicos positivos de los alimentos, pero retirando lo negativo. Esto es el Myoplex: un alimento rápido de alta tecnología diseñado científicamente para "matar de hambre" a la grasa mientras *alimenta sus* músculos.

Yo he tomado Myoplex todos los días durante los últimos cuatro años, y francamente sin sus ventajas no creo que hubiera podido apegarme a este método de nutrición que me ayuda a permanecer en buena forma año tras año. Además, no soy el tipo de persona a quien le gusta tomar muchas vitaminas y cosas así. Estoy demasiado ocupado para eso y me imagino que usted también lo está. Esa es otra de las razones por las que uso Myoplex: tres porciones al día le proporcionan a mi organismo el 150 por ciento de la dosis diaria recomendada de 29 vitaminas y minerales esenciales. Y no sólo eso, sino que cada licuado contiene más proteínas de calidad que una pechuga de pollo, tantos carbohidratos ricos en energía como una porción de arroz integral y es muy bajo en grasa.

Ahora bien, no quiero decir que no pueda obtener buenos resultados consumiendo sólo alimentos regulares. Esto es posible, sobre todo si cuenta con el tiempo necesario para ir de compras y preparar seis comidas de calidad cada día. Sin embargo, muchas personas a las que entreno, especialmente atletas como John Elway, Mike Piazza, Terrell Davis, así como muchos hombres de negocios, madres trabajadoras e incluso soldados, no tienen tiempo para preparar seis comidas al día. Para ellos, Myoplex es la solución: una ventaja que hace más práctico seguir el Método de Alimentación para Vivir Mejor. También puede ofrecerle beneficios a usted. (Si desea más información sobre Myoplex visite www.eas.com)

Planee sus compras de comestibles

Otra cosa que le puede facilitar el adoptar este nuevo patrón de alimentar a su organismo *intencionalmente* con los nutrientes que necesita para regenerarse a sí mismo, consiste en asegurarse de que sus alacenas y el refrigerador estén llenos de alimentos autorizados. Lo diré una vez más: si falla en la planeación, está planeando fallar. Con esto quiero decir que si no planea tener estos alimentos a su alcance cuando y donde los necesite, podría ser difícil apegarse al programa. Para planear sus comidas debe empezar haciendo una lista antes de ir al supermercado. Sólo abastézcase de fuentes de calidad de proteínas, carbohidratos y vegetales.

Su día libre

Durante seis días a la semana, debe seguir las pautas alimenticias descritas en esta sección. ¿Y qué pasa con el séptimo día? Olvídese de ellas.

Quiero decir que se olvide de todo. Coma cualquier cosa que desee. Si quiere panqués de mora azul con jarabe en su desayuno o un pastelito de canela con café o leche, está bien. Si quiere una o dos Big Mac para la hora del almuerzo, vaya a comprarlas. Si desea una pizza gruesa con todos los ingredientes para la cena, no se prive de ella. Si quiere comerse de postre un pastel de manzana con helado, por mí está bien.

En realidad existe una razón fisiológica para comer demasiado en forma intencional una vez a la semana: está convenciendo a su organismo de que no hay hambruna. Darse una comilona una vez a la semana puede calmar esa alarma milenaria codificada dentro de su cerebro y que se activa cada vez que usted empieza a quemar la grasa corporal almacenada para obtener combustible.

Pero más allá de las razones biológicas, existen beneficios psicológicos aún mayores para la existencia de ese día libre, por lo menos en lo que a mí respecta. Una de las muchas cosas que he aprendido al trabajar con toda clase de personas durante años, y no sólo a través de un laboratorio ni leyendo lo que dicen los estudios científicos, es que tan pronto se le dice a alguien: "Bien, le esperan 12 semanas sin espagueti con albóndigas, sin pizza, sin helado, sin siquiera un caramelo", se ha invadido el círculo de elección de esa persona, se han violado sus derechos individuales.

La mayoría de las personas necesitan saber que tienen un grado de autonomía que les permite tomar ciertas decisiones. Están deseosas de romper algunas reglas y crear nuevos patrones de acción, nuevas estructuras, siempre y cuando cuenten con el elemento de libertad que les permita llevarlo a cabo.

Usted no querrá instalarse en el fracaso. No querrá crear normas que no pueda cumplir. Si dice: "No voy a comer nada indebido durante las próximas 12 semanas" se está preparando para la decepción. Es como si Michael Jordan empezara un partido diciendo: "No voy a fallar un solo tiro".

Nadie quiere jugar un juego que no pueda ganar. Este es el motivo por el que he creado el día libre dentro del programa Condición Física para Vivir Mejor. No puedo describir la diferencia que representa para la capacidad de una persona de permanecer en el programa. Al contar con un día completamente libre para usted, estará realmente ansioso de iniciar los patrones de acción positivos de la siguiente semana.

Por otra parte he descubierto que este día libre sirve al propósito de recordarle cómo se sentía cuando todos sus días eran libres. Puede mantenerlo en contacto con aquello de lo que trata de liberarse: la pereza, la indigestión y la pérdida de energía creadas por comer demasiado y con poca frecuencia.

Respecto a cuándo debe gozar de su día libre, eso depende de usted. A algunos les gusta separar todos los domingos para comer lo que deseen. Otras veces, usted puede querer adaptarse y ajustar su día a las circunstancias de cada semana. Digamos que tiene en puerta una ocasión especial, sabe que convivirá en un ambiente social y no quiere preocuparse por las reglas. Eso está bien. Planifique todo con anticipación para que ese sea su día libre durante esa semana en particular.

Como lo mencioné anteriormente, me gusta comer pizza de vez en cuando y me gustan las enchiladas de pollo que prepara mi mamá. Así que el día libre ha sido una de las claves para mantener esa costumbre de toda la vida. El programa Condición Física para Vivir Mejor es justamente para eso: para la vida. No es algo que haya que hacer sólo durante cierto tiempo. Es la manera en que vivo. Y también lo será para usted después de concluir las próximas 12 semanas.

Le daré un pequeño consejo: al terminar su día libre es el momento ideal para comprar los comestibles que consumirá durante la semana siguiente. Su hambre estará más que satisfecha, así que el impulso de comprar por tentación alimentos inapropiados será mínimo.

Comida para el cambio

No caiga en el erróneo concepto generalizado de que los alimentos saludables y muy nutritivos tienen que ser insípidos y aburridos; esto no es cierto. Los alimentos que consumo saben muy bien y son relativamente fáciles de preparar. Y lo más importante: le brindan a mi organismo la nutrición de calidad que necesito.

A continuación se presenta una muestra de los días típicos en el Método de Alimentación para Vivir Mejor. También incluyo uno de mis reportes diarios de progreso que muestran cómo llevo mi registro y cómo comparo mi consumo de agua y alimentos *planeado* con el que *en realidad* consumo.

Seis comidas para los lunes (ejemplos)

Desayuno: Omelette ultrarrápida de claras de huevo

Bata cuatro claras de huevo y un huevo completo (o utilice Egg Beaters) con dos cucharadas de leche descremada. Vierta los huevos en una sartén ligeramente rociada con aerosol para cocinar, como el de la marca Pam. Sirva con dos rebanadas de pan tostado integral. Ahora tiene porciones de calidad de proteínas y carbohidratos. Beba dos vasos de agua helada y eso es todo.

Media mañana: Licuado nutritivo de chocolate

Mezcle en una licuadora o batidora una medida de Myoplex de chocolate con 350 a 500 ml de agua fría. Agregue tres cubos de hielo. Mezcle a velocidad alta durante 45 segundos y sírvase.

Almuerzo: Ensalada de atún

Escurra una lata de atún en agua. Coloque el atún en un recipiente y añada una cucharada de mayonesa sin grasa, una cucharadita de condimento de encurtido de eneldo y el jugo de medio limón. Ponga el atún sobre un poco de lechuga y sírvalo con una porción de fruta y dos vasos de agua helada para obtener una comida completa.

Media tarde: Licuado nutritivo de pastel de limón

Mezcle una medida de Myoplex de vainilla según las instrucciones. Agregue dos cucharadas de concentrado de limón congelado y tres cubos de hielo. Bata a velocidad alta durante 45 segundos y sírvase.

Cena: Pavo cocido con salsa de arándano

Corte una pechuga de pavo cocido en rebanadas delgadas. Coloque una cucharada de salsa de arándano sobre un pequeño recipiente y métala al microondas hasta que esté caliente (aproximadamente 30 segundos). Vierta la salsa sobre de la pechuga de pavo. Sirva con una porción de arroz integral cocido al vapor y brócoli, tome dos vasos de agua helada.

Tarde en la noche: Licuado nutritivo de chocolate y fresa

Mezcle una medida de Myoplex de chocolate según las instrucciones. Agregue cuatro fresas congeladas. Bata a velocidad alta durante 45 segundos y sírvase.

Seis comidas para los martes (ejemplos)

Desayuno: Desayuno energético con burrita

Ponga en una pequeña tortilla de trigo integral cuatro claras de huevo revueltas o Egg Beaters. Agregue una cucharada de salsa, media cucharada de queso *cheddar* bajo en grasa y una cucharada de crema ácida baja en grasa. Enróllela y sírvala con un vaso grande de agua helada.

Media mañana: Licuado nutritivo de chocolate con menta

Mezcle una medida de Myoplex de chocolate según las instrucciones. Agregue tres gotas de extracto de menta y tres cubos de hielo. Bata a velocidad alta durante 45 segundos y sírvase.

Almuerzo: Sopa de pollo a la parrilla

En una cacerola pequeña mezcle una lata de caldo de pollo, una pechuga de pollo a la parrilla rebanada, una porción de cebada cocida y un puñado de sus vegetales mixtos favoritos. (Los congelados son recomendables y tan nutritivos como los frescos.) Caliente a fuego medio por cinco minutos y sírvase con dos vasos de agua o té helado.

Media tarde: Licuado nutritivo de fresas escarchadas

Mezcle una medida de Myoplex de fresa según las instrucciones. Agregue tres cubos de hielo. Bata a velocidad alta durante 45 segundos y sírvase.

Cena: Salmón a la parrilla y papa

Prepare un filete de salmón poniéndole encima un poco de jugo de limón fresco. Ase el salmón en la parrilla durante 10 a 15 minutos o hasta que se rompa fácilmente en láminas cuando lo pinche con un tenedor. Sírvalo con una papa al horno, espinacas al vapor y un vaso de agua helada.

Tarde en la noche: Licuado nutritivo de rollo de canela

Mezcle una medida de Myoplex de vainilla según las instrucciones. Agregue media cucharadita de canela molida, una cucharadita de bizcochos de mantequilla sin grasa y tres cubos de hielo. Bata a velocidad alta durante 45 segundos y sírvase.

Seis comidas para los miércoles (ejemplos)

Desayuno: Licuado nutritivo de naranja a la crema

Mezcle una medida de Myoplex de vainilla según las instrucciones. Agregue media naranja fresca y tres cubos de hielo. Bata a velocidad alta durante 45 segundos y sírvase.

Media mañana: Queso cottage y yogur

Mezcle una porción de queso *cottage* sin grasa con una porción de yogur sin azúcar (a mí me gusta el Yoplait de mora azul) para obtener una comida nutritiva, rápida y fácil. No olvide beber dos vasos de agua.

Almuerzo: Pollo a la lima-limón y papa

Sumerja una pechuga de pollo a la parrilla sin piel en el jugo de limas y limones frescos. Hornee en el microondas una papa simple y sírvalo con zanahorias y un vaso grande de té helado.

Media tarde: Sustancioso licuado nutritivo de vainilla

Mezcle una medida de Myoplex de vainilla con agua fría y sirva.

Cena: Filete del sudoeste y arroz

Coloque el filete en un recipiente de vidrio para hornear y pique la carne con un cuchillo o tenedor. Exprima el jugo de medio limón sobre la carne y añada pimienta y polvo de ajo. Hornee a 180°C hasta que se cocine a su gusto. Rebánelo y sírvalo con arroz integral al vapor cubierto con salsa y ensalada con una cucharada de aceite de cártamo. Si lo desea, puede agregar una copa de vino tinto.

Tarde en la noche: Licuado nutritivo de chocolate doble

Mezcle una medida de Myoplex de chocolate con agua. Agregue una medida de cocoa sin grasa y sin azúcar y tres cubos de hielo. Bata a velocidad alta durante 45 segundos y sírvase.

Método de Alimentación para Vivir Mejor
Reporte diario de progreso

Fecha: *5/ 4/ 99*   Día: *1 / de 84*

Total de porciones de proteína: 6	Total de porciones de proteína: *6*
Total de porciones de carbohidratos: 6	Total de porciones de carbohidratos: *6*
Total de vasos de agua: 10	Total de vasos de agua: *11*

PLANEADO		REALIZADO	
Comida 1	*Desayuno burrito*	**Comida 1**	*Desayuno burrito*
8:00 ☑ a.m. ☐ p.m.	*2 vasos de agua*	*7:50* ☑ a.m. ☐ p.m.	*2 vasos de agua*
Comida 2	*Licuado Myoplex de chocolate*	**Comida 2**	*Licuado Myoplex de chocolate*
10:00 ☑ a.m. ☐ p.m.	*2 vasos de agua*	*10:15* ☑ a.m. ☐ p.m.	*2 vasos de agua*
Comida 3	*Sandwich de pollo*	**Comida 3**	*Sandwich de pollo*
12:00 ☐ a.m. ☑ p.m.	*2 vasos de agua*	*12:00* ☐ a.m. ☑ p.m.	*2 vasos de agua*
Comida 4	*Licuado Myoplex de fresa*	**Comida 4**	*Licuado Myoplex de fresa*
3:00 ☐ a.m. ☑ p.m.	*2 vasos de agua*	*3:15* ☐ a.m. ☑ p.m.	*2 vasos de agua*
Comida 5	*Salmón a la parrilla*	**Comida 5**	*Salmón a la parrilla*
6:00 ☐ a.m. ☑ p.m.	*Papa*	*6:10* ☐ a.m. ☑ p.m.	*Papa*
	Ensalada		*Ensalada*
	2 vasos de agua		*2 vasos de agua*
Comida 6	*Pudín Myoplex*	**Comida 6**	*Pudín Myoplex*
9:00 ☐ a.m. ☑ p.m.	*1 vaso de agua*	*9:15* ☐ a.m. ☑ p.m.	*1 vaso de agua*

NOTAS

¡Me siento de maravilla! Con mucha energía durante todo el día.
No sentí hambre en lo absoluto.

Apreciación global de los principios del Método de Alimentación para Vivir Mejor^{MR}

- Haga seis comidas pequeñas al día, una cada dos o tres horas.
- Tome una porción de proteínas y otra de carbohidratos con cada comida.
- Agregue una porción de vegetales en por lo menos dos comidas diariamente.
- Una porción de alimento autorizado equivale aproximadamente al tamaño de la palma de su mano o de su puño cerrado.
- Consuma una cucharada de aceite no saturado diariamente *o* tres porciones de salmón a la semana.
- Beba por lo menos 10 vasos de agua al día.
- Tome los licuados nutritivos Myoplex, de ser necesario, para asegurarse de que está consumiendo niveles óptimos de los nutrientes que necesita.
- Planee sus comidas con anticipación y lleve un registro de lo que come utilizando los reportes diarios de progreso del Método de Alimentación para Vivir Mejor que están en las páginas 193-205.
- Planifique su lista de comestibles.
- Una vez a la semana, en su día libre, coma todo lo que desee.

Mantenerse en la ruta
Parte VI

*La vida, el máximo desafío, no es una carrera
hacia la meta, sino un proceso
de crecimiento continuo.*

Hablemos un poco de física elemental: para que un objeto en reposo empiece a moverse, se requiere mucha más energía de la que se necesita para mantenerlo en movimiento. Piense en un cohete espacial: el 90 por ciento de su poder esta invertido en el arranque inicial, para ser impulsado hacia el espacio. El 10 por ciento restante es todo lo que necesita para seguir en movimiento. Sin embargo, si ese cohete se desvía de su ruta, requerirá de una considerable energía para regresar a su trayecto, y si se aleja demasiado de la ruta, no completará su misión y toda la energía que se empleó para sacarlo de la fuerza gravitacional de la Tierra no habrá servido de nada.

En cierto modo, lo mismo aplica para la transformación de nuestros cuerpos. De hecho, al cambiar o modificar *cualquier* aspecto de nuestras vidas, el acto de empezar es, con mucho, la etapa más desafiante del proceso, mismo que usted ya ha comenzado. Ya está generando un impulso considerable. Y si se mantiene en movimiento, pronto estará experimentando resultados impresionantes. *A menos que...* se salga de curso. Esto sucede muy a menudo: las personas avanzan a muy buen ritmo y después se dan por vencidas. Yo no quiero que esto pase. Ni usted tampoco.

Por lo tanto compartiré con usted las poderosas soluciones para los desafíos con que nos toparemos más adelante, desafíos que pueden ser transformados en energía para impulsar su ascenso, en lugar de reducir su velocidad o, peor aún, detenerlo completamente.

Transforme la adversidad en energía

Imagínese esto: por primera vez en mucho tiempo, o quizás en toda su vida, todos los aspectos de su existencia se están reuniendo. Ha transformado con éxito sus patrones de acción y está avanzando en dirección a sus metas.

Se está viendo mejor cada semana. Esa grasa terca finalmente se derrite y en su lugar empieza a formarse músculo. Se está volviendo más fuerte, más saludable. Está ubicado en el camino correcto hacia una nueva y mejor vida. Siente que nada lo puede detener... hasta que sucede lo "inesperado". La adversidad lo golpea. Algo sale mal. Un terrible impacto lo hace perder el equilibrio.

Estos "golpes" pueden provenir de cualquier parte: una lesión que le impide realizar sus ejercicios, la pérdida de su empleo o el fracaso de algún negocio, una enfermedad, el fin de una relación sentimental o, lo peor de todo, una tragedia personal.

El hecho es que la adversidad nos golpea a todos y, desgraciadamente, no sólo muy de vez en cuando. Nadie está exento. Cuando los problemas de cualquier tipo atacan, pueden hacer que su progreso se interrumpa intempestivamente. Pueden destruir su impulso, invalidar su confianza en sí mismo y lanzarlo en picada. Enfrenta una situación en la que una cosa detrás de otra le salen al revés.

No existe ningún sistema de entrenamiento, ningún suplemento alimenticio ni ninguna "píldora milagrosa" que lo haga inmune a la adversidad. Pero, ¿significa eso que no puede hacer nada al respecto?

Sí y no.

No siempre puede prevenir la mala fortuna ocasional, especialmente cuando se debe a fuerzas y circunstancias fuera de su control. Pero lo que sí puede hacer es considerar que la adversidad es parte inevitable de la vida. De hecho, debe esperar que haya problemas para poder manejarlos adecuadamente. Recuerde, no se trata de ver si los problemas van a cruzarse en su camino, sino de cuándo y qué tan severamente afectarán su vida.

Todos debemos aceptar que la mala fortuna es parte inevitable de la vida, y que debido a ella, no a pesar de ella, crecemos. Nuestro carácter nunca será puesto a prueba totalmente a no ser que las cosas no marchen como lo deseamos. Aquellos que tienen el coraje de salir adelante *a pesar* de la adversidad, se convierten en una inspiración. Contribuyen a valorar la vida de los demás. Son ellos los que hacen la diferencia.

Así que, durante el curso de su programa de 12 semanas, cuando se encuentre con la adversidad, cuando surja algo que usted crea que puede impedirle terminar su programa y transformar su cuerpo y su vida con éxito, *inmediatamente* pregúntese: "¿Qué puedo hacer para convertir esta adversidad en algo positivo? ¿Qué puedo hacer para lograr que esto funcione *a mi favor* en lugar de funcionar en mi contra?"

Cuando se enfrente a los obstáculos de esta manera, experimentará un impulso inmediato de energía y confianza (dos de las cualidades fundamentales para completar su programa de 12 semanas). Y al practicar esta habilidad, al aprender a transformar los obstáculos en ventajas, al atacar los desafíos de frente, no sólo continuará avanzando, sino que obtendrá la *fuerza interna* para lidiar con cualquier cosa que la vida le interponga en el camino.

Al enfrentar a la adversidad de esta manera, comprenderá que el infortunio es un puente, no una barricada, para conseguir logros mayores. Puede representar la diferencia entre puertas abiertas y puertas cerradas. Si la adversidad lo golpea, no se permita detenerse. Prométase de antemano que transformará los problemas en algo positivo. Esta no sólo es la forma correcta de manejarlos, es la única forma.

Cumpla sus promesas

Al comenzar las 12 semanas de su programa Condición Física para Vivir Mejor, debe prometerse a sí mismo que terminará lo que empieza, *sin importar lo que suceda*. Aunque esa promesa podría ser fácil de romper es, por mucho, la que más debe cumplir. Usted verá que la esencia misma de la confianza es la seguridad en uno mismo. ¿Confiaría en alguien que le ha mentido en repetidas ocaciones? ¿En alguien que ha roto las reglas del juego una y otra vez? Por supuesto que no. Así que, si ha seguido el patrón de no cumplir sus promesas, este es el momento para hacer un cambio. Si no puede cumplir, confiar o depender de su propia palabra, bueno... esa puede ser la raíz de muchos de los grandes problemas de su vida, muchos más de lo que puede imaginar.

Este es un asunto crítico que nos abrirá los ojos y que debemos enfrentar todos y cada uno de nosotros.

A la mayoría de las personas se les hace difícil responder a esta pregunta tan simple: "¿Cumplo lo que me prometo?" O tal vez debería decir que se les dificulta responder *honestamente*.

Lo que sucede cuando nos mentimos es que nunca, jamás, logramos salirnos con la nuestra. Superficialmente podemos hacernos tontos ignorando o no admitiendo lo que estamos haciendo, pero en nuestro interior, ahí donde reside toda la verdad, en el lugar donde nos vemos tal y como somos en realidad, en ese lugar estamos ocasionando dolor y daño cada vez que no somos totalmente honestos con nosotros mismos.

Por ejemplo, cuando sabe muy bien en su interior que debería estar haciendo algo y no lo cumple, como ejercitarse regularmente, comer bien o terminar su programa de 12 semanas, se está mintiendo a usted mismo. Hágalo a menudo y su confianza y seguridad se desvanecerán. En ese lugar vacío se instalará la incertidumbre, la ansiedad y el enojo.

Sin embargo, no tiene que ser así. No importa cuánto tiempo se haya comportado de ese modo, no tiene que permanecer siendo igual. Contrariamente a lo que muchos piensan, es más fácil mantener las promesas que nos hacemos que romperlas.

Al mantener estas promesas se desencadena una energía y un potencial enormes. Ese vacío potencial creado por la autodecepción se llena con fuerza, seguridad y (así es) con confianza, cuando usted cumple sus promesas. (Todos hemos escuchado la frase: "La verdad te hará libre". Bueno, en ningún momento es más cierta que cuando la aplicamos a la relación con nosotros mismos.)

Si usted ha llegado hasta aquí, significa que ya se encuentra involucrado en el proceso. Ya se ha prometido no rendirse. Esto no es algo que deba tomarse a la ligera. Esta promesa debe considerarse con tanta seriedad como el voto que se hace a un cónyuge, a un hijo o a su jefe o entrenador. Empréndala con esta emoción y seguramente la cumplirá. Y cuando alcance el éxito, *sentirá* la transformación interna mucho más de lo que otros la notan en el exterior. A propósito, eso es una promesa.

Refuerce el poder de la presión positiva

He notado que muchas personas que empiezan sus transformaciones con toda la fuerza terminan perdiendo el impulso después de unas cuantas semanas. Una manera de ayudarlas a superar este altibajo es enseñarles a reforzar el poder de la presión positiva.

Mi observación es esta: la mayoría de las personas en Estados Unidos han sido condicionadas (por alguien o por algún sistema) a creer que deben ir con la corriente de la vida tanto como puedan, evitar las "situaciones de presión" y gravitar en circunstancias en las que nadie les exija nada. Esto no es bueno. No es bueno en lo absoluto, sobre todo si está decidido a cambiar su cuerpo y su vida. Contrariamente a la creencia popular, en su interior usted quiere sentir la presión; de hecho, la necesita para sentirse entusiasmado y apasionado con la vida.

Por todas partes pueden verse ejemplos de casos de la vida real de personas que realizan actos heroicos bajo presión: el bombero que rescata a un niño de un edificio en llamas, sin perder un minuto; el *jugador* que anota el *touchdown* que da el triunfo a su equipo cuando está terminando el partido; el doctor que salva la vida de un paciente que agoniza.

El hecho es que todos somos capaces de hacer mucho más de lo que creemos, pero nuestro máximo potencial a menudo es ahogado por lo que nos ha enseñado la sociedad: que la presión es algo malo, que nos lastima en lugar de ayudarnos a mejorar y tener éxito. A la larga, después de años de acondicionamiento mental, la mayoría de la gente considera que la presión es un obstáculo, no la fuerza impulsora y poderosa que realmente es.

La verdad de las cosas es que a través de la presión o el "estrés" evolucionamos y crecemos.

Piénselo: el principio fundamental para crear un cuerpo más fuerte es el proceso de superar el estrés o la "resistencia". Forzamos nuestros músculos para trabajar y este esfuerzo, a cambio, obliga a esos músculos a adaptarse. Si no ejercemos presión sobre los músculos, si no presentamos ninguna resistencia en absoluto, ¿qué pasa? Se atrofian. Se esfuman. Se debilitan.

La misma ecuación puede aplicarse al crecimiento en las diversas áreas de nuestras profesiones, relaciones y conocimientos. Sólo a través de una dosis exacta de presión continuamos avanzando más allá de la mera existencia con "comodidad".

Para reforzar el poder de la presión positiva, empiece sometiendo regularmente sus músculos a una dosis saludable de estrés, haciendo ejercicio. Entonces enfréntese a otros desafíos en su vida. En lugar de huir de las situaciones de presión, o aparentar que no existen, hágales frente. Búsquelas. Al hacerlo, descubrirá que la presión positiva extrae lo mejor de usted. Estará elevándose así a un nuevo y más alto nivel.

Y esto, en todos los aspectos de nuestras vidas, es lo que debemos hacer.

Eso es lo que la presión positiva puede lograr.

Existen muchas formas de usar la presión como una fuerza poderosa de motivación para lograr sus metas. Por ejemplo, hace poco hablé con un amigo y me dijo que hizo una cita con un fotógrafo a 12 semanas del día en que empezó con su programa. Le pagó al fotógrafo por anticipado y, para establecer una sanción por no cumplir con la fecha límite, firmó una carta donde decía que si no se presentaba a la sesión fotográfica en esa fecha, el fotógrafo podía conservar el dinero. Esa sanción creó una presión para mi amigo que se convirtió en una parte muy real de su incentivo.

He sabido de otras personas que han reforzado el poder de la presión positiva con sólo hablarles a sus amigos, familiares y compañeros de trabajo acerca de las fechas límite para alcanzar sus metas. Ellos descubrieron que este "empujón" impidió que se rindieran, porque no querían que los consideraran derrotados; porque querían cumplir su palabra con ellos mismos y con los demás.

Otra manera de utilizar el poder de la presión positiva es entrar en algún tipo de competencia. La competencia es una fuerza poderosa que puede sacar lo mejor de las personas, sobre todo cuando hay algo en juego. Fíjese en cualquier grupo de "guerreros de fin de semana" involucrados en un juego trivial de softbol o en una competencia de basquetbol entre dos. Si existe algo en juego, como un trofeo, se crea una presión.

Desgraciadamente, la mayoría de las personas que se fijan la meta de crearse un mejor cuerpo no ponen una fecha límite para lograr su objetivo, y mucho menos algún tipo de castigo o recompensa. Por lo tanto, el extraordinario poder de motivación que posee la presión positiva no se refuerza.

Por lo tanto le aseguro que si en cualquier momento durante las próximas 12 semanas retrocede o empieza a flojear y esperar que el éxito llegue por sí solo hasta usted, se sentirá sumamente defraudado. Para poder convertirse en nuestra próxima historia de éxito de la vida real va a tener que reforzar el poder de la presión positiva. Es el antídoto para romper su zona de comodidad, que es ciertamente un lugar muy *incómodo* para vivir.

Concéntrese en el progreso, no en la perfección

Ahora que ha empezado con su programa, es de suma importancia que conserve su confianza. Una manera de lograrlo es olvidarse del concepto total de perfección. Éste no existe. He aprendido que perseguir la perfección es tan inútil como tratar de encontrar la olla repleta de oro al final de un arco iris.

La perfección es una ilusión, y si su objetivo es lograr la perfección en cualquier aspecto de este programa, puede terminar con una sensación de carencia e incertidumbre que estoy seguro *no* es lo que desea.

Si no cree firmemente en lo que está haciendo, si no puede superar los sentimientos de duda, no importa con cuánta información precisa cuente sobre entrenamiento y nutrición. Sin confianza no podrá permanecer en la ruta.

Piense en el atleta que está jugando un gran partido hasta que comete un error. Tira un pase que es interceptado y el equipo contrario anota un *touchdown*; falla un tiro libre crítico; se "desinfla" en una situación clave. En cuestión de segundos puede venirse abajo, y después de haber tenido una confianza extrema, en este momento se llena de incertidumbre e ineficacia.

Entonces, si no sabe cómo recuperar su confianza, se irá a pique. Perderá su energía. Dejará de jugar para ganar y, en cambio, empezará a jugar "para no perder".

Pero los atletas no son los únicos que necesitan mantener una firme sensación de confianza para sobresalir. Actores, artistas, hombres de negocios, todos nosotros damos lo mejor sólo cuando actuamos enfocados en la confianza. Tome a todas las personas exitosas, extraiga su sentido de seguridad y desaparecerá todo lo demás que las ha hecho llegar a donde están: su talento, dinamismo, energía, buen juicio y perspicacia.

Por otro lado, si toma a personas que se debaten en la adversidad, que no están seguras de sí mismas, y les da una dosis saludable de confianza, rápidamente sus vidas se transformarán para ser mejores. Esto es lo que pasa cuando usted se concentra en el *progreso*. Aunque no todo "le salga bien", aun así se sentirá fuerte, pues todavía tendrá confianza e ímpetu.

Una de las formas más seguras de permanecer en la ruta es medir su progreso con frecuencia, lo cual puede hacer literalmente todos los días con sus reportes diarios de progreso. También le recomiendo que evalúe su éxito cada cuatro semanas, haciendo que le tomen una fotografía y midiendo la composición de su cuerpo. Esto le ayudará a *conservar* su ímpetu y permanecer en la ruta.

Practique la Ley Universal de la Reciprocidad

Para realizar esta transformación en su vida que ha decidido llevar a cabo, en algún momento durante estas 12 semanas necesitará apoyo. Y creo que la mejor manera de recibirlo, es *darlo*. Esto es lo que se llama practicar la Ley Universal de la Reciprocidad.

Si nunca ha oído hablar de esta "ley", no está solo, aunque es la regla más antigua de todas. Está en el centro de prácticamente cada sistema religioso, moral y ético en el mundo. No obstante, está ausente en muchas vidas, y el no practicarla puede impedirnos desarrollar nuestro potencial.

Muchas personas quieren recibir antes de dar. A la larga, esta fórmula nunca funciona. Mi experiencia ha sido que cuando me enfoco en darles algo importante a los demás, lo que recibo a cambio en mi vida personal o profesional no es igual a lo que ofrecí. Sé que se me devolverá el doble, el triple o incluso 10 veces más. Esta es una verdad tan básica que ni siquiera pienso en ella. No presto atención a mis futuras recompensas, pues serán automáticas. Y llegarán de muchas formas: en satisfacción, orgullo, diversión, logro, amistad, autoestima, energía. Y algunas veces, por qué no decirlo, en dinero.

Existen muchas formas de hacer que la Ley Universal de la Reciprocidad trabaje para usted. Primero, prometa hacer algo positivo por dos personas que le gustaría lo apoyaran en su esfuerzo de lograr que las próximas 12 semanas sean todo un éxito.

Por ejemplo, podría pensar en alguna de las cosas especiales que su cónyuge, su madre, su padre o sus hijos hacen para agregar valor a su vida. (No se enfoque en las pequeñas cosas que podrían hacer y que no son "perfectas". Considere sólo las cosas buenas que le sirven en ese momento.)

Entonces, haga la promesa de que compartirá este pensamiento positivo con esa persona mañana al final del día. Puede hacerlo personalmente o enviándole una nota breve en una tarjeta o un pedazo de papel (las palabras de aprecio escritas tienen un poder enorme).

Este ejercicio tan sencillo brinda resultados inmediatos que aumentarán su energía y confianza y le demostrará la diferencia de fijarse en lo bueno de alguien y no en lo malo. Cuando usted dice algo tan simple como: "Aprecio tu apoyo", no sólo levantará el ánimo de esa persona sino que, como lo dicta la Ley Universal de la Reciprocidad, recibirá más energía positiva de la que da. Siempre ha funcionado de esta manera y así seguirá.

Empiece el proceso de ser proveedor de energía positiva con su familia y sus amigos, pero no se detenga allí. Puede practicar este ejercicio cuando quiera y en donde lo desee, con el fin de crear un ambiente más positivo en dondequiera se encuentre. Si se siente un poco inseguro en el trabajo o en el gimnasio, busque alguna cosa buena en dos personas con las que está en contacto y propóngase decirles algo sincero y que brinde apoyo.

Digamos que ve en el gimnasio a un conocido que hace un gran esfuerzo para mejorar. Al decirle simplemente: "Se ve que estás logrando un progreso excelente. Admiro cómo te esfuerzas", no sólo levantará la energía de esa persona, sino que usted también se sentirá más seguro.

También puede crear energía y confianza al participar en una causa que valga la pena, lo cual, quizá sin saberlo, ya ha empezado a hacer. Todas las ganancias que yo obtenga por la venta de este libro irán a una causa en la que creo profundamente, la Fundación Make-A-Wish® (Pide un deseo) de Colorado. Su misión es crear recuerdos especiales y momentos de felicidad en las vidas de niños y sus familias en todo el mundo; vidas que han sido devastadas por el cáncer, la distrofia muscular, los padecimientos del corazón y otras enfermedades importantes. Los días de estos niños transcurren entre doctores, hospitales, tratamientos médicos y diagnósticos, alejándolos de las maravillas que deben existir en una niñez normal.

Podría seguir hablando de lo mucho que admiro el coraje de los niños de Make-A-Wish y las muchas personas desinteresadas que apoyan esta causa, incluyendo a todos y cada uno de los miles de lectores de mi revista que han donado a la Fundación Make-A-Wish más de 1.25 millones de dólares. Gracias a su generosidad, la Fundación Make-A-Wish ha podido conceder más de 50,000 deseos.

Cuál es la causa que debe apoyar, eso depende exclusivamente de usted. Podría ser una institución de caridad, una iglesia o un individuo que necesita ayuda. Siempre encontrará una buena causa en la que podrá involucrarse. Sé que encontrará alguna en la que crea apasionadamente. Y recuerde, no tiene que donar dinero para apoyar una causa; puede ofrecer su tiempo, su talento o los recursos a los que tiene acceso y que podrían servir de algo. Lo más importante es dar constantemente sin esperar nada a cambio.

Por mis propias experiencias sé que no hay mejor recompensa que saber que ha hecho una diferencia en la vida de alguien. Y creo que cuando termine con el programa Condición Física para Vivir Mejor, inspirará a otros para que sigan sus pasos. Las personas lo reconocerán como un líder y obtendrá un nuevo nivel de admiración y respeto por parte de su familia, sus amigos y mucha gente más. El éxito que usted ha logrado impulsará su deseo y se llenarán de optimismo con la esperanza de que ellos también posean el poder de cambiar.

El fondo del asunto es este: usted tiene el poder de inspirar a los demás, y a cambio, ellos lo inspirarán a usted y le brindarán su apoyo.

Estamos aquí para servirle a *usted*

¿Recuerda que al principio del libro le prometí que, si usted me lo permitía, yo haría cualquier cosa para ayudarle a transformar su Condición Física para Vivir Mejor? Pues bien, realmente estoy decidido a hacerlo. Y otra forma en que puedo ayudarlo es brindándole acceso a nuestra Línea de Condición Física para Vivir Mejor^MR: es un servicio gratuito en Estados Unidos al que puede llamar las 24 horas del día, los 7 días de la semana, los 365 días del año, para hablar con personas que han completado con éxito su programa de 12 semanas Condición Física para Vivir Mejor y que ya "han estado en sus zapatos", por decirlo así. El número es 1-800-297-9776 (Depto. #11).

Nuestro equipo de apoyo está a su disposición para responder sus preguntas, ya sea que correspondan a Cruzar el Abismo, a la Experiencia del Entrenamiento para Vivir Mejor o al Método de Alimentación para Vivir Mejor.

También puede llamar a nuestra Línea de Condición Física para Vivir Mejor^MR y compartir su progreso diario, semanal o mensual. (Una de las cosas más *dolorosas* para mí es saber que alguien está logrando un progreso extraordinario con este programa pero no tiene con quien celebrarlo.) Nos *gustaría* mucho oír hablar de su éxito y ayudarle a festejar *su* progreso.

Además puede visitar nuestra página web en www.bodyforlife.com (el "com" se refiere a *comunidad*) para recibir consejo diario y compartir sus logros con otras personas que siguen el programa Condición Física para Vivir Mejor. Aquí podrá repasar nuevas historias de éxito diariamente, así como conocer mis respuestas a las diversas preguntas sobre el programa.

Y lo más importante de todo, si alguna vez piensa en rendirse, si por cualquier razón siente que ya no puede continuar con la jornada que ha empezado, *por favor* póngase en contacto con nosotros y permítanos ayudarlo. *No se dé por vencido.* Por favor no se rinda. Recuerde, *no* está solo. Estamos aquí para *ayudarle a tener éxito.*

Apreciación global sobre
cómo mantenerse en la ruta

- Espere la adversidad y prepárese para transformar los obstáculos en energía.
- Cumpla sus promesas y termine lo que empieza.
- Refuerce el poder de la presión positiva aceptando desafíos.
- Concéntrese en el progreso, no en la perfección, para crear confianza.
- Practique la Ley Universal de la Reciprocidad cooperando desinteresadamente con los demás.
- Permita que nuestro equipo de apoyo de Condición Física para Vivir Mejor le ayude a tener éxito.

La puerta de entrada
— Epílogo —

El sueño: Cambiar al mundo... una vida a la vez.
La meta: Transformar un millón de Condiciones Físicas
para Vivir Mejor para el 31/12/01.

Así que usted piensa que ya terminamos, ¿correcto?

De ninguna manera.

Lo he dicho desde el principio, y ahora *usted* lo sabe (si ha leído estas páginas, si *realmente* las ha leído): El viaje de 12 semanas que está a punto de empezar para transformar su cuerpo es meramente una *puerta de entrada* al resto de su vida, una vida llena de logros y recompensas, quizá más espectacular de lo que se ha atrevido a soñar alguna vez.

Ya se encuentra en el proceso, y sí, *ya* ha empezado a *ofrecerle* los asombrosos cambios que *están* a su alcance. Dentro de 12 semanas usted va a saber (no a *creer*, sino a *saber*), que la transformación que ha creado en su cuerpo es sólo un ejemplo del poder que posee para transformar *todo lo demás en su mundo.*

Y aquí está la clave:

Usted no está solo.

Existe todo un mecanismo que está en marcha dentro de nuestra sociedad, una fuerza acumulada que empieza a levantarse al iniciar el siglo XXI. Las personas están logrando lo que no habían alcanzado antes. Están investigando. Están hambrientas de esperanza, de significado, de claridad, de algo en lo que puedan creer. Y están descubriendo que esa búsqueda, esa *creencia,* tiene que empezar dentro de *ellos mismos.*

De esto se trata este libro.

Las personas ya están hartas de fragmentaciones, de recoger pedazos a nivel individual y comunitario. Ya están hartas de conflictos, de luchar entre sí y *consigo mismas.* Hemos visto lo que sucede cuando nos separamos unos de otros o nos alejamos de *nosotros mismos.* Hemos sido testigos de la decadencia que se presenta al descuidar nuestros cuerpos, y ahora sabemos que una metáfora de esa decadencia tiene lugar en todos y cada uno de los aspectos de nuestras vidas a los que no se les presta atención y cuidado.

El proceso de recoger los pedazos de nuestra sociedad y de nosotros mismos ha empezado. Pero no simplemente volviéndolos a pegar: estamos *recreándolos*, haciéndolos más fuertes y mejores que antes.

Esto es lo que nuestra sociedad, y me atrevo a decir que todo el mundo, está haciendo mientras termina el milenio. Nos estamos transformando. Empezamos a celebrar nuestro progreso, nuestras vidas, todos y cada uno de los días. Miramos hacia el futuro con optimismo, con una sensación de confianza, de potencial, de compromiso... *de comienzo.*

Mientras nos acercamos al nuevo milenio, la gente en todas partes lo está sintiendo. Lo están viviendo. No piense lo contrario, *está* sucediendo. Está pasando en las familias, en los vecindarios, en las escuelas, en las iglesias, en los centros de trabajo; en todas y cada una de las comunidades.

Las personas están descubriendo que *tienen* el poder de cambiar. Que *tienen* la capacidad de crear no sólo un mejor cuerpo, sino una mejor *vida* para sí *y* para los demás. Ya no dicen: "Está fuera de mi alcance; no tengo el control". Han dejado de pedir o esperar que *alguien más* lleve a cabo lo que deben hacer por sí mismas.

Han empezado a actuar.

Y se ayudan entre sí.

Si existen dos mensajes fundamentales detrás de este libro y de este programa (y por supuesto detrás de *mi vida*, y espero que también de la *suya*) son los siguientes:

- Entre más cosas buenas cree para los demás, entre más *extienda la mano* y *dé* para hacer que las vidas de otros mejoren, su propia vida se hará *más fuerte* y *más rica* en todos los sentidos que implican estas dos palabras.

- *Usted* puede recobrar el control de *su* vida y modificarla, *empezando con su cuerpo*, pero sólo como principio, y *todo* lo bueno comenzará a surgir tan pronto como se *decida* a permitirlo.

Estos dos principios están dirigiendo la revolución, la *evolución* que *está* teniendo lugar. Si no la siente en este momento, cuando despierte dentro de 12 semanas y se mire en el espejo, puede decir: "Ojalá lo hubiera realizado...", o dirá en cambio: "Me alegro de haberlo hecho...".

Pero creo que sí lo *está sintiendo* en este momento. No estaría leyendo estas líneas si no fuera así. Usted ha tomado la decisión de convertirse en parte de este cambio para mejorar, y por ello le doy las gracias y mi más sincera bienvenida.

Las historias de éxito que ha leído en estas páginas, de personas que han cambiado sus cuerpos y sus vidas, esas personas ordinarias que se han convertido en extraordinarias como nunca lo hubieran imaginado, todas esas historias sólo son la base de una montaña, una montaña de transformaciones de la vida real que alcanza un punto más alto cada día que pasa.

He leído miles de cartas, tarjetas, faxes y correos electrónicos de estos hombres y mujeres. Me encuentro con ellos dondequiera que voy. Son *mis* maestros, todos y cada uno de ellos. Me han levantado más alto de lo que alguna vez imaginé que podría subir. Y me han inspirado para elevarme aún más, para alcanzar mi meta de ayudar a un millón de personas a transformar sus cuerpos y sus vidas para el 31 de diciembre del 2001.

Esta es *mi* meta: ayudarle a lograr *su* meta.

¡Haré todo lo posible para enseñarle y darle la oportunidad no sólo de "ponerse en forma", sino de que consiga elevarse más alto de lo que nunca soñó para que obtenga claridad, control y confianza; para ayudarlo a construir y mantener una Condición Física para Vivir Mejor!

Al trabajar juntos, en *equipo*, podremos alcanzar el éxito *y lo haremos.*

Finalmente, sólo queda una promesa que me gustaría que hiciera antes de embarcarnos en este proceso de transformación de 12 semanas. Quiero que prometa, a mí y a usted mismo, que se pondrá en contacto conmigo cuando termine, para compartir la experiencia que ha comenzado para usted.

Una vez más, le doy la bienvenida y las gracias.

Preguntas y respuestas
Apéndice A

P: Mi hija, de 32 años, tiene aproximadamente 15 kilos de sobrepeso. Ha probado todo para ponerse en forma, desde píldoras para dietas y cremas para los muslos hasta la liposucción. ¿Cómo puedo ayudarla?

R: Su hija está cometiendo un error muy común que yo llamo el "método de afuera hacia adentro". Es decir, intenta resolver un problema tratando los síntomas y no la causa. Esto no funciona.

La liposucción debe ser el último método de afuera hacia adentro al que se debe recurrir. He reflexionado bastante sobre este método y no puedo imaginar de qué manera el tener un rodillo de acero debajo de la piel para que le succionen la grasa pueda aumentar la autoestima de una persona.

El programa Condición Física para Vivir Mejor es diferente, porque aplica un método *de adentro hacia afuera*. Empezamos con el *interior*: sus *razones* para querer cambiar, sus sueños, sus metas, su vida. Una transformación exitosa siempre empieza desde el interior.

P: No puedo encontrar el tiempo para hacer ejercicio, pero necesito perder 12 kilos de grasa. ¿Qué puedo hacer?

R: Le diré un secreto: yo tampoco puedo *disponer* de tiempo para hacer ejercicio. Tampoco John Elway, ni Sylvester Stallone, ni David Kennedy, un amigo que es sargento en el ejército. Tampoco tiene tiempo Russell Simpson, padre de familia y doctor en medicina. Ni Christy Hammons, una estudiante universitaria que trabaja por la noche para poder pagar sus estudios. De hecho, de las 6ll 000 personas que se han acercado a mí durante los últimos dos años solicitando mi ayuda, no existe una sola de ellas que me haya dicho algo como: "Bill, ya no sé qué hacer con mis días... creo que empezaré a hacer ejercicio... ¿Puedes ayudarme a matar el tiempo?"

Lo contrario siempre es verdad: en este mundo tan dinámico y agitado, con cambios tan vertiginosos, aparentemente nadie piensa que pueda tener tiempo para realizar algo nuevo. Pero este es un *concepto erróneo.* Y permítame advertirle que cualquier cosa que usted *percibe,* la *cree.* Aunque intentemos convencernos de que estamos demasiado ocupados, ese no es el caso. Créalo o no, las personas que logran el éxito transformando sus cuerpos y sus vidas, cuentan exactamente con 24 horas al día, como usted y como yo. No hay ninguna persona en este planeta que nos pueda ofrecer sacar más tiempo de un día que tiene 1 440 minutos.

Entonces, ¿por qué parece que algunas personas disponen de más tiempo que otras en esas 24 horas? ¿Recuerda que le enseñé cómo *transformar* los patrones de acción en la página 34? Bueno, eso es lo que estamos haciendo aquí: buscamos hábitos que puedan estar quitándonos tiempo y que no nos dejan acercarnos a nuestras metas y de esta forma transformamos esos patrones. Por ejemplo, si simplemente puede tomarse cuatro horas a la semana y en lugar de ver televisión utiliza ese tiempo para hacer ejercicio, habrá hallado una solución a este problema.

Otra cosa que puede hacer es fijar un horario para sus entrenamientos y planear todas las actividades de cada día. Si no tiene idea de lo que va a hacer mañana, sino hasta que llegue ese momento, terminará perdiendo mucho tiempo al reaccionar, ajustar e intentar deducir lo que hará, así como cuándo y cómo lo llevará a cabo. Cuando usted planifique su programa, eliminará muchos problemas innecesarios.

Desde luego que no puede planear todo. Pero ajustar sus horarios sólo le llevará unos cuantos minutos por la noche y fácilmente podrá escoger una hora que no sabía que tenía disponible. Otra cosa que puede hacer para disponer de más tiempo es ejercitarse. Sí, *ejercitarse*. Es un hecho científico que una cantidad apropiada de ejercicio crea energía, y cuando usted obtiene mayor energía es capaz de realizar más cosas y con mayor rapidez.

P: ¿Cómo mantengo el ritmo en mis entrenamientos mientras estoy viajando?

R: Antes de viajar, deberá elaborar un *plan*. Averigüe si el hotel donde se hospedará cuenta con un gimnasio para hacer ejercicio, o si por lo menos pueden proporcionarle un par de mancuernas. Si no es así, averigüe si hay un gimnasio cerca de donde se hospedará y elabore un *plan* que especifique a qué hora realizará sus ejercicios.

De seguro encontrará un gimnasio apropiado en cualquier ciudad y la mayoría de los hoteles disponen de un "área de entrenamiento" de algún tipo, o por lo menos de un juego de mancuernas.

Asimismo convénzase de antemano de que superará cualquier adversidad que pueda presentarse. Si el hecho de llevar una vida saludable es una prioridad para usted, seguramente tendrá éxito.

P: ¿Qué haré después de completar las 12 semanas del programa?

R: Una vez que haya concluido este viaje de 12 semanas, es muy poco probable que siquiera *imagine* regresar a sus viejos hábitos. Será, *literalmente*, una nueva persona. Todo aquello que se considera "normal", para usted será diferente: sus sueños, sus pasiones, sus anhelos, sus placeres. Todo esto se habrá redefinido. Y se aferrará a su *nuevo* yo: con nuevos patrones, un nuevo estilo de vida, una nueva perspectiva, mayor energía y optimismo y, por supuesto, un nuevo *cuerpo*.

Imagine que ha descubierto que toda su vida había estado caminando de manera incorrecta y *ese* era el motivo por el que sentía dolor y molestias en las piernas y la espalda al final de cada día, y también por eso despertaba cansado y angustiado cada mañana. Imagine que entonces alguien le dijo cómo caminar correctamente, y como por arte de magia el dolor y la fatiga desaparecieron. ¿Por qué escogería usted volver a caminar de la manera incorrecta? Bien, precisamente así se sienten las personas después de pasar por este programa. Para ellas se vuelve un estilo de vida.

Con eso en mente, lo que le recomiendo es que después de las 12 semanas se trace nuevas metas para las próximas 12 semanas y continúe buscando y avanzando. Lo que creo que encontrará en las primeras 12 semanas son mayores desafíos porque, para muchos, este programa requiere romper con numerosos hábitos y ascender por una curva de aprendizaje muy empinada. Comparativamente, sus segundas 12 semanas serán como una brisa, y las terceras se convertirán en su estilo de *vida*.

P: ¿Qué pasa si cometo un error y suspendo un entrenamiento o una comida?

R: Si suspende un entrenamiento, ya lo suspendió. Si suspende una comida, ya la suspendió. Simplemente vuelva al programa y continúe adelante. Y *por favor,* no permita que las recaídas o "errores" disminuyan su avance. *Todos* hemos cometido errores en el pasado y tenemos toda la vida para cometerlos en el futuro, sobre todo si estamos probando algo nuevo y buscamos desafíos. Así que empecemos a cometer errores. Porque si los cometemos, significa que lo estamos intentando y estamos aprendiendo.

P: Le mostré a mi entrenador algunas fotografías de "antes y después" de personas que han seguido su programa. Él me dijo que por lo menos toma *dos años* conseguir una transformación física como esa. ¿Es verdad?

R: ¿Conoce el dicho "hasta no ver no creer"? Bien, como la mayoría de las máximas, tiene sus excepciones. Pero he observado que algunas personas sólo pueden verlo *después* de que lo creen.

Me explico: uno de los primeros pasos para lograr un cambio, es *creer* que se puede hacer. Y no hablo nada más de un acondicionamiento físico durante unos minutos, horas o incluso días. Me refiero a *creer de verdad.* Lo cierto es que decenas de miles de personas ya han transformado dramáticamente sus físicos en tan sólo 12 semanas, y decenas de miles más lo están haciendo ahora, quemando más grasa y creando más fuerza en meses de lo que pudieron lograr en años con otros métodos.

¿Por qué rechazan la verdad algunos hombres y mujeres adultos?

Bueno, pensándolo bien, quien no cree en algo que está sustentado por una enorme prueba social no sólo experimenta un escepticismo saludable, sino que realmente se trata de un síntoma de cinismo. Esta actitud de duda es la que impide a las personas desarrollar su potencial para transformarse y aceptar que también poseen el poder de cambiar.

¿Y dónde está la solución? Los principiantes deben empezar por abrir su mente. Y tienen que comenzar a establecer y lograr sus metas. Esto alimentará su deseo y les permitirá soñar e inspirarse.

El fondo del asunto es que si *usted* cree que puede lograrlo, entonces *lo puede hacer*. Y una vez que alcance el éxito, inspirará a su entrenador a creer que esto sí es posible; entonces él lo verá también. (Es bastante ingenioso cómo funciona esto, ¿no?)

P: ¿Cuánta grasa debo esperar perder si sigo el programa durante 12 semanas?

R: He ido rastreando e investigando esto durante años, y creo que la mayoría de la gente puede perder hasta 12 kilos de grasa corporal en 12 semanas, si esa es su meta. Si usted perdiera más de un kilo por semana, también podría estar perdiendo tejido muscular, lo cual es una mala noticia; recuerde que si pierde músculo su metabolismo reducirá la velocidad y su pérdida de grasa podría detenerse abruptamente.

Aunque no es común perder más de 12 kilos de peso corporal (aclaro que no dije grasa corporal) en 12 semanas sin perder músculo, no es imposible: los organismos de algunas personas están tan fuera de forma, reteniendo tanto líquido, que una vez que inician el programa sus cuerpos se reajustan completamente.

No olvide que lo que buscamos es una reducción de *grasa* corporal, no sólo de peso corporal; hay una gran diferencia. Su peso corporal se compone de masa corporal magra (tejido muscular, agua, huesos, órganos internos), y su grasa corporal es... bueno, sólo *grasa*.

Algunos centros de acondicionamiento físico y hospitales ofrecen actualmente varios métodos para determinar la grasa corporal, pero creo que lo más conveniente es usar los llamados "calibradores de los pliegues de la piel". Simplemente se pincha con este dispositivo la piel en ciertos lugares y esto le permite calcular su cantidad de grasa corporal.

Puede comprar un juego de calibradores para la piel Accu-Measure que cuesta aproximadamente 20 dólares, llamando a la compañía llamada Body Trends Health and Fitness (Tendencias Corporales Saludables y Buena Condición Física) en Estados Unidos al 1-800-549-1667, o visitar su *website* en www.bodytrends.com. Tambien puede comprar un juego de Slim Guide skin-fold calipers (Calibradores para los pliegues de la piel) por 20 dólares llamando a la compañía Fitnessesities, también en Estados Unidos, al 1-800-942-8436 o visitar su website en www.fitnessesities.com.

Asegúrese de medir la grasa de su cuerpo cada cuatro semanas y tomarse una fotografía (en *pantalón corto* o traje de baño). Esto le permitirá notar su progreso.

P: ¿Puedo escuchar música mientras hago ejercicio? En ese caso, ¿qué tipo de música es la más apropiada?

R: Por supuesto que puede escuchar música mientras se ejercita; la "mejor" es la de cualquier tipo que le guste: rock, jazz, ópera. Eso depende de usted. Algunas veces acostumbro escuchar música o bien escucho libros grabados mientras realizo mis ejercicios. En otras ocasiones me gusta estar en completo silencio.

P: Soy delgado por naturaleza. No necesito perder grasa corporal. ¿Puedo llevar a cabo el programa Condición Física para Vivir Mejor para ganar músculo y fuerza?

R: El programa Condición Física para Vivir Mejor descrito en este libro está diseñado para ayudarle a construir mejor su cuerpo *y* reforzar su fuerza mental y física. Este libro se refiere a muchas cosas más que sólo crear músculo, también habla de construir una *vida* con más fortaleza.

Para aquellos que por naturaleza son muy delgados y para quienes sus metas incluyen ganar tamaño de músculo y fuerza, pero sin perder grasa, les sugiero la Experiencia del Entrenamiento para Vivir Mejor y el Método de Alimentación para Vivir Mejor, y en cuanto a sus primeras tres comidas del día, incluyan dos porciones de carbohidratos en lugar de una. Esta energía extra asegurará el combustible requerido para construir músculo, de modo que esté disponible cuando y donde lo necesite, porque si usted es *muy* delgado (debajo del siete por ciento de grasa corporal para los hombres y del 12 por ciento para las mujeres), quizás la energía requerida para construir músculo no se obtenga de la grasa corporal almacenada; por consiguiente, debe proporcionarse a través de la alimentación.

Por ejemplo, en vez de comer una *omelette* de claras de huevo (una porción de proteína) y una toronja (una porción de carbohidratos) en el desayuno, usted comería eso *más* un tazón de avena (una segunda porción de carbohidratos). Y para su comida de media mañana, en lugar de tomar un licuado Myoplex de acción nutritiva, que contiene una porción de proteínas y carbohidratos, usted tomaría esto más una porción de yogur. Y para el almuerzo, en vez de comer sólo una pechuga a la parrilla (una porción de proteína), una papa al horno (una porción de carbohidratos) y espinacas al vapor (una porción de vegetales [recuerde que debe tomar una porción de vegetales por lo menos en dos de sus seis comidas diarias]), usted comería esto más una porción de pasta.

Otra cosa que podría ayudarle a ganar fuerza y tamaño en el músculo más rápidamente es el suplemento llamado Fosfagen HP, muy popular entre los atletas. Este suplemento contiene creatina, un nutriente que, según se ha demostrado en docenas de estudios universitarios, refuerza el tamaño y la fuerza muscular, así como la energía. Los estudios universitarios prueban que el Fosfagen HP (una mezcla insustituible de creatina que brinda más energía y es rica en carbohidratos y otros nutrientes que refuerzan el transporte de creatina a las células del músculo) puede resultar aún mejor que la creatina simple.

Otro suplemento que recomiendo para reforzar los efectos de la construcción muscular en la Experiencia del Entrenamiento para Vivir Mejor se llama HMB (beta-hidroxibeta-metilbutirato). Este es un nutriente que refuerza los efectos positivos del ejercicio intenso y, como la creatina, es sumamente popular entre los atletas.

Los únicos suplementos que yo uso actualmente son el licuado Myoplex de acción nutritiva y un suplemento llamado BetaGen (que contiene *tanto* creatina como HMB). El BetaGen es una poderosa bebida en polvo que normalmente agrego al Myoplex. Cuando consumo estos suplementos obtengo vitaminas, minerales, proteína, antioxidantes extras, creatina, HMB, glutamina (un aminoácido importante que ayuda al metabolismo muscular), carbohidratos ricos en energía y otros micronutrientes que necesito. Es así de simple.

Ahora, recuerde que los suplementos por sí solos no le ayudarán a construir un cuerpo mejor. Tiene que cruzar el abismo y *aplicar* sus conocimientos respecto al ejercicio y la nutrición.

A propósito, para aquellos interesados en la ciencia del funcionamiento de la nutrición y la suplementación, pueden encontrar información científica detallada, incluyendo docenas de estudios revisados por colegas y reportes de investigación, en www.eas.com.

P: ¿La Solución Aeróbica de 20 Minutos en verdad es suficiente para quemar grasa?

R: Sí. Recuerde, no es sólo la cantidad de calorías que usted quema durante la sesión de ejercicios, sino la cantidad que también quemamos hora tras hora.

P: ¿Es verdad que una vez que aparece la celulitis en los muslos nunca se puede uno librar de ella?

R: Aunque algunos "expertos" insisten en que la celulitis es un "síndrome médico" del que no se puede librar, no coincido con ello. Conozco a miles de mujeres que estarán de acuerdo conmigo; mujeres que han completado con éxito este programa y cuya celulitis desapareció. El hecho es que cuando usted pierde grasa, pierde celulitis. Y al continuar con este programa, perderá grasa y construirá músculos *firmes*.

P: Hacer mis ejercicios por la mañana es lo último que se me antoja. ¿No puedo realizar mis aeróbicos por la noche?

R: La tentación de comer panecillos y café puede ser agobiante (así como puede serlo irse a la cama otra vez) temprano por la mañana, pero tenga presente esto: realizar un ejercicio aeróbico intenso con el estómago vacío durante sólo 20 minutos por la mañana, es más eficaz para quemar grasa que hacer *toda una hora* de ejercicio aeróbico más tarde durante el día, después de haber comido. Después de ayunar toda la noche, los niveles de azúcar de la sangre están bajos, al igual que las reservas de carbohidratos. Al hacer ejercicio antes de tomar los alimentos el cuerpo desechará la grasa almacenada para producir la energía que requiere para lograr lo planeado.

Ahora, si usted definitivamente no puede realizar sus ejercicios aeróbicos por la mañana, lo mejor es hacerlos por la tarde, después de no haber ingerido alimento alguno durante tres horas. Por ejemplo, si planea realizar la Solución Aeróbica de 20 Minutos a las 6:30 p.m., ingiera una porción de proteína y una de carbohidratos en su comida de las 3:30 p.m. Luego coma de nuevo una hora después de su entrenamiento.

P: ¿Puedo hacer ejercicio en casa y seguir el programa Condición Física para Vivir Mejor? En este caso, ¿qué tipo de equipo necesito?

R: Usted puede armar un excelente gimnasio en casa con un juego de mancuernas y un banco de ejercicio que puede comprar en cualquier tienda deportiva. Lo que probablemente necesitará es un juego de mancuernas ajustable, tan ligeras como de un kilo y medio, e irlas subiendo a 15, luego a 20 y así sucesivamente hasta 25 kilos cada una (por supuesto, dependiendo de su nivel de fuerza). También necesitará invertir en un banco de ejercicio ajustable. Comparado con la mayoría del equipo para realizar ejercicios en casa, unas mancuernas y un banco son una ganga. Eche una mirada a algunas de las ventajas que tendrá al usar mancuernas:

- Las mancuernas le permiten una alineación individual y óptima de las coyunturas, haciendo que los ejercicios sean más seguros y eficaces. En otras palabras, las mancuernas se adaptan a usted; usted no tiene que adaptarse a una máquina o a su movimiento.

- Las mancuernas permiten a las muñecas y los codos estar en posición más natural y rotar en todo el rango de movimiento de los ejercicios que involucran la parte superior de su cuerpo.

- Las mancuernas permiten ejercitar la parte superior de su cuerpo, como con el *press* en arcos, el cual implica la manera más natural de movimiento para el cuerpo, aumentando así el rango de movimiento de todos los ejercicios que potencialmente permiten mejoras en la flexibilidad, mientras refuerzan la coordinación y el equilibrio.

- Las mancuernas le permiten practicar una gama muy variada de ejercicios, la mayoría de los cuales pueden aprenderse rápidamente y realizarse con facilidad tanto por hombres como por mujeres con cualquier nivel de condición física.

- Las mancuernas trabajan los músculos que le ayudan a estabilizar las articulaciones junto con los movimientos primarios de cada ejercicio y contribuyen al desarrollo total de su cuerpo.

- Con las mancuernas puede hacer un entrenamiento más rápido y eficaz, quemar calorías y conseguir los beneficios generales tanto aeróbicos como cardiovasculares del entrenamiento.

- El entrenamiento con mancuernas es inherentemente seguro. Nunca he visto que un músculo se desgarre o que ocurra cualquier otra lesión como resultado del correcto uso de las mancuernas.

P: Tengo problemas de tiempo durante la semana para preparar comidas saludables. ¿Cómo puedo resolver esto?

R: La mayoría estamos demasiado ocupados para preparar comidas saludables bajas en grasa todos los días, y en esto radica el secreto del éxito de los restaurantes de comida rápida. Una posible solución sería preparar algunos alimentos bajos en grasas y balanceados en proteínas y carbohidratos el domingo por la noche o cuando usted tenga algún tiempo extra, para después congelarlos. Cuando los vaya a consumir, simplemente sáquelos y póngalos en el microondas durante unos minutos y así tendrá todo su alimento preparado.

Otra opción para completar sus seis comidas al día es consumir tres comidas regulares, consistentes en una porción de proteína y carbohidratos y tres licuados o barras nutritivas bajos en grasa y ricos en proteína, para sustituir las otras tres comidas.

Recuerde que alimentando frecuentemente su cuerpo a lo largo del día evitará ataques de hambre y mantendrá su nivel de energía estable y un metabolismo saludable. También es una buena manera de proporcionarle a su cuerpo los nutrientes que necesita para recuperarse del levantamiento de pesas y evitar los antojos, sobre todo esos impulsos incontrolables que se presentan durante la tarde.

P: ¿Está bien que beba vino a la hora de la cena?

R: Una copa ocasional de vino está bien. Pero debe hacerlo con moderación. Los bebedores de cerveza y de vino a menudo se muestran renuentes a dejar la bebida. Un ejemplo de este tema: el verano pasado intentaba ayudar a un individuo que no podía perder grasa "sin importar lo que hiciera". Descubrí que comía bien, pero también estaba bebiendo seis latas de cerveza cada noche. Si hace esto, subirá cinco kilos de grasa en un mes.

P: Mis amigos, que no tienen la disciplina para cuidar su alimentación, siempre intentan inducirme a que coma alimentos no saludables cuando salimos. Es difícil decirles que no. ¿Qué debo hacer?

R: En primer lugar, no caiga en los mismos hábitos alimenticios que pueden estar provocando que sus amigos estén fuera de forma. Si come con personas que tienen malos hábitos de alimentación, tenga cuidado de no usar sus limitaciones dietéticas como justificación para volver a caer en sus mismos patrones de alimentación. Cámbieles la jugada: trate de convencerlos para que mejoren sus hábitos alimenticios, explicándoles las razones para hacer un cambio; dígales que los apoyará si están interesados en mejorar su forma de verse y sentirse.

O intente visitar a esos amigos en su día libre, que es un día a la semana en el que puede comer cualquier cosa: pastel de manzana, papas a la francesa, pizza, etcétera.

P: ¿Está bien comer yogur helado?

R: No se equivoque al pensar que el yogur helado es un alimento saludable. No todo el yogur helado es bajo en grasa. Algunas variedades promedian aproximadamente ocho gramos de grasa por taza. En segundo lugar, difícilmente hay alguien que nos pueda decir qué cantidad de grasa tienen los yogures helados que venden cerca de su casa. Por consiguiente, le recomiendo que sólo coma yogur helado en sus días libres.

P: ¿Debo comer algo antes de hacer ejercicio, como una barra energética?

R: Depende de cuál sea su meta. Si su única preocupación es el desempeño atlético, deberá consumir carbohidratos como barras energéticas y/o bebidas deportivas antes, durante y después de cualquier actividad física.

Sin embargo, si su meta es perder grasa y ganar músculo, no le recomiendo comer antes del ejercicio. Este es un error que cometen muchas personas. Si usted le proporciona carbohidratos a su cuerpo para que los use como combustible al hacer ejercicio, esto impedirá que queme grasa y preservará la grasa corporal almacenada. Un estudio reciente demuestra que si sigue consumiendo carbohidratos, su cuerpo quemará carbohidratos. Reduzca los carbohidratos y su cuerpo quemará grasa más fácil y rápidamente. Por eso recomiendo que, para obtener los máximos efectos en la quema de grasa, haga ejercicio con el estómago vacío.

P: ¿Deben empezar con este programa mis hijos adolescentes?

R: El programa Condición Física para Vivir Mejor está diseñado generalmente para adultos saludables de 18 años en adelante.

No considero conveniente que jóvenes de 13 a 15 años deban entrenarse con pesas. A esta edad recomiendo calistenia, como correr, hacer lagartijas, sentadillas, flexiones y abdominales; es el tipo de actividad que yo realizaba cuando tenía esa edad.

Los muchachos de 16 y 17 años sí pueden llevar a cabo los ejercicios descritos en este libro, pero su objetivo debe ser de 15 a 25 repeticiones por serie, utilizando el Índice de Intensidad (página 71), y nunca deben exceder el nivel 7 de esfuerzo. Durante la pubertad, el cuerpo está en proceso de crecimiento, así que los ejercicios de resistencia de baja intensidad dan resultados. En la pubertad los huesos aún están creciendo y un ejercicio de resistencia agotador puede interferir con ese crecimiento, así que los adolescentes *no* deben empezar a entrenar *intensamente* con pesas sino hasta que estén "maduros" físicamente. Por lo general eso ocurre alrededor de los 18 años.

En términos de nutrición, creo que los adolescentes deben adquirir el hábito de comer frecuentemente alimentos altos en nutrientes como proteínas y carbohidratos. Sin embargo, a los adolescentes en crecimiento no se les deberán restringir las calorías, siempre y cuando los alimentos sean de buena calidad (pollo, papas, arroz, fruta, verduras, leche); deben comer a menudo y en abundancia.

En cuanto a los adolescentes y los suplementos alimenticios, cuando algo está funcionando bien, ¿por qué interrumpirlo? Así que cuando los chicos me preguntan si deben usar creatina o cualquier otra cosa, les respondo que lo olviden. Mejor consuman una dieta saludable, ingieran los alimentos adecuados seis veces al día, eviten los malos alimentos y beban mucha agua.

P: ¿Puedo comer queso con este método de nutrición?

R: Generalmente el queso es demasiado alto en grasa, así que no lo recomiendo, pero si está preparando un platillo "saludable" que lo requiera, pruebe el queso sin grasa: derrita 30 gramos de queso *cheddar* en el microondas en intensidad alta durante dos minutos, con lo que mucha de esta grasa se quedará encima del queso y podrá quitarla. Este método le permitirá deshacerse de más de la mitad de la grasa contenida en el queso. (Funciona mejor con el queso *cheddar* o *mozzarella*.)

P: El gimnasio al que pertenezco tiene más de 100 máquinas de alta tecnología para ejercicios. ¿Funcionan?

R: Por favor no se distraiga con todas esas máquinas de ejercicios tan sofisticadas. ¿Cuáles funcionan? ¿Cuáles no? ¿Quién sabe? Es algo para adivinar: falso o verdadero. Todo lo que necesita de un gimnasio para seguir la Experiencia del Entrenamiento para Vivir Mejor son barras, mancuernas, bancos y unas cuantas máquinas *normales*, como una polea de cable, extensiones para pierna, *curl* para pierna, *press* para pierna y un *squat rack* (mecanismo para sentadillas). Los ejercicios básicos de pesas que se muestran en la Guía de Ejercicios de la página 154 sí funcionan para mí y también *funcionarán* para usted. De hecho, la inmensa mayoría de los atletas de élite con los que he entrenado, se apegan nada más a lo *básico*.

P: He leído historias de éxito de personas que han competido en sus desafíos y me gustaría tomar parte. ¿Puedo participar?

R: Mis desafíos de transformación anuales son para toda clase de personas que andan por la vida: jóvenes y viejos, con condición o sin ella, hombres y mujeres. Las reglas son muy simples: siga el programa Condición Física para Vivir Mejor durante 12 semanas y documente sus resultados con fotografías de "antes y después" y con pruebas de composición corporal. Acto seguido escriba un ensayo sobre cómo ha repercutido esta experiencia en su cuerpo y en su vida. Su calificación estará basada 50 por ciento en su transformación corporal y 50 por ciento en su ensayo. Los competidores con las calificaciones combinadas más altas, otorgadas por nuestros 10 jueces, serán los ganadores. Eso es todo lo que debe hacer.

Nuestra bolsa de premios para 1999 incluye un millón de dólares en efectivo y 100 boletos de primera clase con todos los gastos pagados para unas vacaciones de ensueño en Hawai. Si está buscando un incentivo extra para probar el programa Condición Física para Vivir Mejor, acepte mi desafío. Para mayores detalles, llame al 1-800-297-9776 (Depto. #18), en Estados Unidos, o visite www.bodyforlife.com para pedir el paquete de reglas y regulaciones que le explicará todo lo que necesita saber para participar y ganar.

P: He intentado apegarme a algunos programas de ejercicios, pero nunca logro ser constante. Supongo que no creo en el ejercicio. ¿A alguien le ha sucedido lo mismo?

R: Muchas personas me han dicho que no pueden hacer ejercicio regularmente. Se quejan: "Es demasiado difícil. No es para mí". Pero esto no es cierto. De hecho, tener la habilidad de moverse y *no* hacerlo, simplemente está muy mal.

Considere esto...

Recientemente pasé algún tiempo con un gran joven de Scottsdale, Arizona. Su nombre es Jamie Brunner y es uno de nuestros campeones más recientes en el desafío de la transformación. Jamie tiene 25 años. Está casado con una mujer bonita y joven, y es inteligente. Pero se había permitido engordar como un globo hasta pesar 118 kilos; en otras palabras, era "pura grasa". (Esas son sus palabras, no las mías.)

Para continuar con la historia, Jamie tiene un hermano mayor que se llama Barry, a quien admira. Desde niños, siempre han estado juntos. Son muy buenos amigos.

Un día, hace algunos años, Jamie y Barry fueron a nadar a un lago. Barry empezó a bucear sin saber que había una roca bajo la superficie. Se rompió el cuello, haciéndose pedazos la segunda y tercera vértebras cervicales. Desde entonces quedó paralizado del cuello para abajo. Fue un trágico accidente del que, como se puede imaginar, le ha tomado mucho tiempo poder recuperarse.

Un día Jamie me contó que estaba hablando con Barry sobre la dificultad que experimentaba al intentar estar en forma. Le dijo a su hermano: "No puedo mantenerme en pie en la caminadora, ni puedo levantar pesas. ¡Las odio!" A lo que su hermano Barry respondió: "Jamie, daría cualquier cosa en el mundo por poder usar una caminadora. Daría lo que fuera para flexionar los músculos de mis piernas, para sentir que mis brazos van ganando fuerza, que se pueden *mover*. Daría lo que fuera para tener la *alternativa* que tú tienes: moverte, levantarte y correr... Pero *no* puedo elegir. Si no lo haces por ti, Jamie, hazlo por mí".

Jamie se quedó mudo. Me comentó que nunca se había sentido tan egoísta en su vida. ¿Cómo podía quejarse con su hermano, quien ni siquiera podía levantar una mano, de que el ejercicio era una inconveniencia, que mover el cuerpo era una "molestia"? Jamie me dijo que ese había sido un momento decisivo para él y desde entonces nunca había dejado de entrenar.

El cambio radical de Jamie también me hizo pensar. Comprendí que tener un cuerpo saludable y permitir que se deteriore, tener la *habilidad* de hacer ejercicio y *no* hacerlo, es como tener 20/20 de visión y no querer abrir los ojos. Afortunadamente, cada vez más personas empiezan a verlo de esta manera.

Términos y jerga

Abismo: La barrera entre saber lo que se debe hacer y hacerlo realmente.

Ácidos grasos esenciales (EFA por sus sglas en inglés): Grasas que nuestro organismo no puede fabricar, por lo que debemos obtenerlas a través de la dieta. Estas grasas (que incluyen el ácido linoleico y el ácido linolénico) son muy importantes para la producción de hormonas, así como para la síntesis y la integridad celular. Las fuentes adecuadas de estas grasas son el aceite de semilla de lino y el aceite de cártamo.

Ácido linoleico: Ácido graso esencial y, más específicamente, un ácido graso poliinsaturado omega 6. Las fuentes buenas de este ácido graso son los aceites de cártamo y de soya.

Ácido linolénico: Ácido graso esencial y, más precisamente, ácido graso poliinsaturado omega 3. Se le encuentra en concentraciones altas en el aceite de semilla de lino.

Actitud mental: El estado mental que se tiene cuando se siente confiado, seguro y fuerte.

Aeróbico: Esta palabra significa "requerir de oxígeno". El metabolismo aeróbico ocurre durante el ejercicio de baja intensidad y larga duración, por ejemplo, trotar.

Alimentación frecuente: Comer varias veces a lo largo del día para que su cuerpo funcione a su favor y no en su contra. Al comer en intervalos regulares a lo largo del día (aproximadamente cada dos o tres horas), puede mantener su metabolismo elevado y los niveles de energía estables.

Aminoácidos: Grupo de compuestos que funcionan como "ladrillos" que conforman las proteínas y los músculos.

Anaeróbico: Esta palabra significa "sin oxígeno". El metabolismo anaeróbico en el tejido muscular ocurre durante las actividades físicas intensas, como correr a toda velocidad o levantar pesas.

Antioxidantes: Pequeños compuestos que minimizan la oxidación de los tejidos y ayudan a combatir a los radicales libres y sus efectos negativos.

Atrofia: Disminución de talla o "desgaste excesivo" del tejido muscular producido por la falta de uso.

Barra de pesas: Peso libre consistente en una barra larga en la que se colocan discos de peso. Normalmente se levanta con ambos brazos.

Calorías: Unidad que sirve para medir el valor energético en los alimentos.

Carbohidratos: Compuestos orgánicos que contienen carbono, hidrógeno y oxígeno. Son una fuente de combustible muy eficaz para el organismo.

Los diferentes tipos de carbohidratos incluyen almidones, azúcares y fibras. Los carbohidratos contienen cuatro calorías por gramo. La glucosa, azúcar en la sangre, es un carbohidrato utilizado como combustible por todas las células del cuerpo.

Colesterol: Es un tipo de grasa generalmente considerada "mala" porque provoca enfermedades del corazón y embolias, aunque es un componente vital en la producción de muchas hormonas del organismo. Existen diferentes tipos de colesterol: la forma HDL es la grasa "buena" y la forma LDL es la "mala".

Comida: Grupo de alimentos que se ingieren de una sola vez. Cada comida debe contener una porción de proteína y una porción de carbohidratos, del tamaño de la palma de su mano o de su puño cerrado.

Composición corporal: El porcentaje de peso corporal compuesto de grasa, comparado con la masa libre de grasa.

Concéntrico: Fase de levantamiento de un ejercicio, cuando el músculo se contrae o se acorta. Por ejemplo, cuando usted alza un peso en un banco de *press* desde su pecho hasta una posición de cierre, esa es la fase concéntrica o "positiva" del ejercicio.

Deficiencia: Un nivel bajo de uno o más nutrientes esenciales para la buena salud; a menudo ocurre con las vitaminas. La deficiencia puede ser causada por mala nutrición, aumento de las demandas corporales (sobre todo por un entrenamiento intenso), o ambos.

Día libre: Un día a la semana dentro del programa Condición Física para Vivir Mejor, en el que puede comer los alimentos que ha deseado durante los seis días anteriores. Este día tampoco hará ejercicio.

Dieta: Comidas y bebidas que consume regularmente una persona, a menudo de acuerdo con lineamientos específicos, para mejorar su condición física.

Dieta limpia: Se refiere a ingerir comidas ricas en nutrientes y bajas en grasas.

Ejercicio de resistencia: Ejercitarse con pesas o usar su cuerpo para resistir alguna otra fuerza. Incluye un amplio espectro de movimientos, desde *push-ups* hasta *curls* con mancuernas.

Energía: Capacidad para trabajar. La energía reforzada constituye el poder.

Excéntrico: Fase descendente de un ejercicio, cuando los músculos se estiran. Por ejemplo, bajar el peso a su pecho en el banco de *press* es la fase excéntrica o "negativa" del ejercicio.

Fructosa: El principal tipo de azúcar que se encuentra en la fruta. Es más dulce que la sacarosa (el azúcar de mesa).

Glucosa: La molécula de azúcar más simple. También es el principal azúcar encontrado en la sangre y se usa como un combustible básico para el organismo.

Glucógeno: La principal forma de energía almacenada en el organismo como carbohidrato (glucosa) que se reserva en los músculos. Cuando sus músculos están llenos de glucógeno, se ven y se sienten mejor.

Grasa: Es uno de los macronutrientes. La grasa contiene nueve calorías por gramo, lo que la hace el macronutriente con más calorías. Hay dos tipos de grasa: la saturada o grasa "mala", y la no saturada o grasa "buena".

Grasas no saturadas: Son las grasas "buenas". Se llaman no saturadas porque tienen una o más aberturas en sus esqueletos de carbono. Esta categoría de grasas incluye los ácidos grasos esenciales linoleico y linolénico. Las fuentes principales de estas grasas son vegetales, como los aceites de cártamo, girasol y semillas de lino.

Grasas saturadas: Son las grasas "malas". Se llaman saturadas porque no contienen ninguna abertura en sus esqueletos de carbono. Se dice que estas grasas malas aumentan los niveles de colesterol en el organismo. Las fuentes de estas grasas se encuentran en los alimentos animales y en los aceites vegetales hidrogenados, como la margarina.

HDL: Significa "lipoproteína de alta densidad" por sus siglas en inglés. Es una subcategoría del colesterol, comúnmente conocida como colesterol "bueno". Se puede elevar el nivel de colesterol HDL ingiriendo alimentos con grasas no saturadas, como el aceite de semilla de lino. También se ha demostrado que el ejercicio aumenta los niveles de HDL.

Índice metabólico: Indicador por el cual se convierte la energía almacenada en energía que trabaja para su organismo. En otras palabras, es la rapidez con que funciona "todo su sistema". El índice metabólico está controlado por varios factores como: la masa muscular (entre mayor sea su masa muscular, mayor será su índice metabólico), las calorías ingeridas y el ejercicio.

Intensidad: Qué tanta fuerza o energía se necesita para realizar una tarea.

LDL: Significa "lipoproteína de baja densidad" por sus siglas en inglés. Es una subcategoría del colesterol, comúnmente conocida como colesterol "malo". Los niveles de colesterol LDL se incrementan con la ingestión de grasas saturadas y la falta de ejercicio.

Ley de la naturaleza: Úsela o piérdala.

Ley Universal de la Reciprocidad: Entre más ayuda usted a los demás, más se enriquecerá su vida.

Mancuernas: Peso libre compuesto por una asa corta en la que se colocan discos de peso. Normalmente se levantan con un solo brazo.

Masa libre de grasa (FFM por sus siglas en inglés): La parte del cuerpo que no contiene grasa, incluyendo: hueso, músculo, piel, órganos, agua, pelo, sangre y líquido linfático.

Masa magra del cuerpo (LBM por sus siglas en inglés): Otro término que describe la masa libre de grasa (*vea* Masa libre de grasa).

Metabolismo: Uso de los nutrientes por el organismo. Es el proceso mediante el cual las sustancias entran en el cuerpo y el ritmo al cual son usadas.

Minerales: Se dan en el organismo en forma natural y son sustancias inorgánicas esenciales para la vida humana; juegan un importante papel en muchos procesos metabólicos vitales.

Nutrición óptima: La mejor nutrición posible; diferente de la nutrición adecuada, la cual se caracteriza por no tener una deficiencia aparente. Este término describe a las personas libres de deficiencias marginales, desequilibrios y toxicidad, y que no están en riesgo de sufrirlos.

Nutrientes: Componentes de los alimentos que ayudan a nutrir el organismo; es decir, que proporcionan energía o sirven como "materiales de construcción". Estos nutrientes incluyen carbohidratos, grasas, proteínas, vitaminas, minerales y agua, entre otros.

Pastar: Término que se refiere a alimentarse frecuentemente, ingiriendo pequeñas cantidades de alimentos.

Periodo de descanso: Cantidad de tiempo para reposar entre cada serie de ejercicios.

Porción: La cantidad de carbohidratos o proteínas que debemos ingerir en cada comida. Una porción es del tamaño de la palma de su mano o de su puño cerrado.

Proteínas: Las proteínas son los ladrillos de los músculos, las enzimas y algunas hormonas. Se componen de aminoácidos y son esenciales para el crecimiento y la reparación del organismo. Un gramo de proteína contiene cuatro calorías. Aquellas que se adquieren de fuentes animales contienen los aminoácidos esenciales. Las que se obtienen de fuentes vegetales contienen algunos pero no todos los aminoácidos esenciales. Las proteínas son divididas por el organismo para producir aminoácidos.

Repetición (rep.): Número de veces que levanta y baja una pesa en una serie de algún ejercicio. Por ejemplo, si usted levanta y baja una pesa 10 veces antes de dejarla, ha completado 10 "repeticiones" de una serie.

Serie: Grupo de repeticiones (levantar y bajar un peso) de un ejercicio, después del cual se toma un periodo breve de descanso. Por ejemplo, si completa diez repeticiones, pone el peso abajo, completa ocho repeticiones más, vuelve a poner el peso abajo y hace seis repeticiones más, ha completado tres series del ejercicio.

Suplemento: Término usado para describir una preparación en forma de tableta, píldora o polvo, que contiene nutrientes. Los suplementos ayudan a lograr un consumo óptimo de los nutrientes.

Tragar: Comer grandes cantidades de alimentos en una sola comida y esperar entonces muchas horas, quizá todo un día, antes de comer de nuevo. También se conoce como comilona.

Vitaminas: Compuestos orgánicos vitales para el ser humano, indispensables para el buen funcionamiento del organismo, requeridas en pequeñas cantidades. Son nutrientes esenciales sin calorías. Muchas de las vitaminas funcionan como coenzimas, auspiciando diversas funciones biológicas.

Guía de ejercicios

Apéndice C

A continuación le presento una lista de 36 ejercicios de pesas muy eficaces, que harán trabajar los principales grupos de músculos (que muestro sobre mi cuerpo en la siguiente página; por supuesto, usted tiene los mismos músculos en su cuerpo). En las páginas siguientes encontrará instrucciones completas, paso por paso, que muestran cómo realizar estos ejercicios.

Comprendo que algunos le parecerán agobiantes, pero con un poco de práctica usted *podrá* realizar todos estos ejercicios adecuadamente. Igual que cuando se empieza a montar en bicicleta, una vez que se ha aprendido a hacerlo, nunca se le olvida.

Pecho	• *bench press* con mancuernas • mariposas* con mancuernas	• *press* inclinado con mancuernas • *bench press* con barra
Hombros	• *press* sentado con mancuernas • levantamientos laterales	• *press* con barra parado • levantamientos con flexión
Espalda	• *pulldowns* de agarre abierto • *pulldowns* de agarre invertido	• remos con mancuerna con un brazo • *pullovers* con mancuernas
Tríceps	• extensiones con mancuernas • fondos en banco	• *pushdowns* de agarre cerrado • extensiones con mancuernas acostado
Bíceps	• *curl* inclinado con mancuernas • *curl* con barra parado	• *curl* sentado con mancuernas • *curl* de martillo
Cuadríceps	• extensiones de piernas • sentadillas con barra	• *press* de piernas • sentadillas con mancuernas
Parte posterior de los muslos	• encogimientos con mancuernas • *curl* de piernas acostado	• *curl* de piernas parado • pesos muertos con piernas rectas
Pantorrillas	• levantamientos de pantorrillas sentado • levantamientos de pantorrilla con una pierna	• levantamientos de pantorrillas parado • levantamientos de pantorrillas en ángulo
Abdominales	• abdominales de piso • levantamientos de tronco en banco inclinado	• abdominales con giros laterales • levantamientos de piernas con las rodillas dobladas

*Los nombres de los ejercicios pueden variar: mariposas = cristos, *pulldowns* y *pushdowns* = jalón con polea, etcétera.

Principales grupos musculares

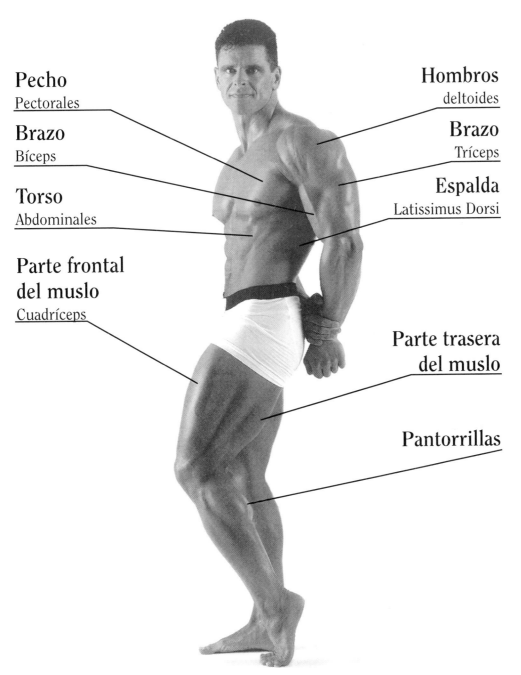

Pecho
Pectorales

Brazo
Bíceps

Torso
Abdominales

**Parte frontal
del muslo**
Cuadríceps

Hombros
deltoides

Brazo
Tríceps

Espalda
Latissimus Dorsi

**Parte trasera
del muslo**

Pantorrillas

Bench press con mancuernas (pecho)

Inicio/Final

Posición inicial: Acuéstese sobre su espalda en un banco, sosteniendo una mancuerna en cada mano. Lleve las pesas a un punto justo por encima de sus hombros, con las palmas hacia sus pies y los codos hacia afuera.

Este es un gran ejercicio para el pecho. Me gusta más que el *bench press* de barra. Al usar las mancuernas puede estimular aún más los músculos del pecho y es más fácil para sus hombros.

Punto medio

Ejercicio: Empuje las pesas directamente hacia arriba hasta que se encuentren justo sobre su clavícula (no sobre su cara o sobre su estómago). Entonces bájelas despacio hasta la posición inicial, sintiendo el estiramiento en los músculos de su pecho mientras los codos caen debajo del nivel del banco.

Es un poco complicado al principio, pero a veces los ejercicios en los que uno se siente más "torpe" son los que funcionan mejor.

CONSEJO

No permita que las mancuernas se mezan sobre su cabeza o sobre su cara.

CONSEJO

No levante la cabeza del banco durante el ejercicio.

Press inclinado con mancuernas (pecho)

Inicio/Final

Punto medio

Posición inicial: Siéntese en el borde de un banco inclinado. Levante una mancuerna con cada mano, colóquelas sobre sus muslos y, una por una, llévelas hasta la base de sus hombros. Reclínese, sitúese firmemente sobre el banco y estará listo para empezar.

Ejercicio: Empuje las pesas hasta un punto sobre la parte alta de su pecho y sosténgalas ahí en lo que cuenta uno. Después inhale profundamente mientras baja las pesas a la posición inicial. Sostenga las pesas en esa posición en lo que cuenta uno, exhale y vuelva a levantarlas.

Debido al ángulo y al efecto de palanca, probablemente no pueda levantar tanto peso como lo hace en el *bench press* plano con mancuernas, pero eso está bien; estamos tratando de implantar un récord en cuanto a mejorarnos a nosotros mismos, no buscamos implantar un récord en levantamiento de pesas.

CONSEJO

No coloque el banco demasiado recto, pues así trabajará más sus hombros que su pecho.

Guía de ejercicios

157

Mariposas* con mancuernas (pecho)

Inicio/Final

Posición inicial: Siéntese en el borde de un banco con una mancuerna en cada mano. Luego recuéstese, manteniendo las mancuernas junto a su pecho. Sitúese firmemente, con sus caderas y hombros sobre el banco y los pies planos sobre el piso.

Punto medio

Ejercicio: Para la primera repetición, empuje las pesas hacia arriba usando el movimiento de empuje con sus manos, una frente a la otra. Entonces, con los codos ligeramente doblados, baje despacio las mancuernas hacia los lados hasta un punto donde queden en un plano horizontal al nivel del banco. Estire bastante esos pectorales pero *no* intente bajar las pesas hasta el piso. Permanezca así mientras dice "Estoy creando una Condición Física para Vivir Mejor", y después baje las pesas mientras inhala profundamente.

Una vez que llegue abajo, sostenga mientras cuenta uno y luego exhale mientras levanta las pesas. Mantenga los brazos estirados, sólo un poco doblados en los codos, y mueva las pesas formando un arco. Imagine que está envolviendo sus brazos alrededor de alguien para darle un fuerte abrazo.

CONSEJO

No permita que sus brazos bajen del nivel del banco. Esto ejercería demasiada tensión sobre sus hombros.

Bench press con barra (pecho)

Inicio/Final

Punto medio

Posición inicial: Acuéstese en un banco y coloque los pies planos sobre el piso, un poco más abiertos que la anchura de sus hombros. Arquee ligeramente la espalda, pero mantenga las caderas sobre el banco. Con los brazos más abiertos que la anchura de sus hombros, sostenga la barra manteniendo los codos justo sobre la parte media de su pecho.

Ejercicio: Empiece bajando el peso lentamente hasta la parte media de su pecho. Haga contacto con esa área, cuente uno y luego, sin rebotar la barra en el pecho, vuélvala a llevar hacia arriba. Sosténgala en la posición inicial con los codos sobre la parte media de su pecho, vuelva a contar uno y repita.

CONSEJO

No levante sus caderas del banco mientras lleva la pesa hacia arriba.

Press con mancuernas sentado (hombros)

Inicio/Final

Posición inicial: Siéntese en el borde de un banco con los pies planos sobre el piso. Sostenga una mancuerna en cada mano a la altura de sus hombros, con los codos hacia afuera y las palmas hacia adelante.

Punto medio

Ejercicio: Lleve las mancuernas hacia arriba y adentro, hasta que casi se toquen por encima de su cabeza. No permita que las pesas se desvíen hacia adelante o hacia atrás. Lleve las pesas arriba hasta que sus brazos estén casi rectos (con los codos hacia afuera). Entonces, lentamente baje las mancuernas hasta la posición inicial.

CONSEJO

No incline demasiado la cabeza. Al realizar este ejercicio, debe mirar hacia el frente, con la barbilla y el pecho levantados y los hombros rectos.

Press con barra parado (hombros)

Posición inicial: Párese con los pies separados a la altura de los hombros. Doble ligeramente las rodillas y mantenga la espalda derecha, no arqueada. Sostenga la barra con los brazos un poco más abiertos que los hombros, justo encima de la clavícula.

Inicio/Final

Punto medio

Ejercicio: Lleve la pesa hacia arriba hasta que sus brazos estén totalmente extendidos sobre la cabeza. Haga una pausa mientras cuenta uno y baje la pesa despacio a la posición inicial. Haga una pausa mientras cuenta uno otra vez. No arquee la espalda mientras eleva la pesa en este ejercicio, ya que esto puede añadir tensión en su región lumbar.

CONSEJO

No se eche para atrás mientras eleva la barra, pues esto puede ocasionarle una lesión en la espalda.

Levantamientos laterales (hombros)

Posición inicial: Párese derecho con los pies separados a la altura de los hombros y los brazos a los lados. Sostenga una mancuerna en cada mano, con las palmas volteadas hacia su cuerpo.

Es importante mantener las palmas volteadas mientras levanta las mancuernas, para que sean sus hombros los que se ejerciten y no sus bíceps.

Inicio/Final

Punto medio

Ejercicio: Manteniendo los brazos derechos, lleve las pesas hacia arriba y a los lados hasta que estén al nivel de su barbilla y manténgalas ahí mientras cuenta uno. De esta posición, bájelas despacio otra vez a los costados de su cuerpo; recuerde que existe un buen trabajo muscular en esta parte del ejercicio.

CONSEJO

No se incline ni "meza" las pesas hacia arriba. Levántelas directamente a los costados hasta que casi queden a la altura de sus hombros. En esta posición se asemeja a un gimnasta realizando un cristo en los anillos.

CONSEJO

No incline el torso hacia adelante ni baje las pesas frente a su cuerpo. En lugar de esto, baje las pesas a los costados.

Levantamientos con flexión (hombros)

Posición inicial: Con una mancuerna en cada mano y los pies separados a la altura de sus hombros, flexione su cuerpo por la cintura para que la parte superior quede paralela con el piso. Permita que sus brazos cuelguen hacia abajo, con las palmas una frente a otra.

Este es un *gran* ejercicio para sus deltoides traseros (donde los músculos de la espalda y los hombros se unen).

Inicio/Final

Punto medio

Ejercicio: Levante las mancuernas, separando los brazos y moviendo los codos hacia arriba. Resista la tentación de levantar el torso mientras eleva las mancuernas. Haga una pausa mientras cuenta uno cuando las mancuernas estén en línea con sus hombros, luego baje las pesas despacio a la posición inicial.

CONSEJO

No se incline demasiado, encorvando la espalda. Ésta debe estar derecha y su torso casi paralelo con el piso.

*Pulldowns** de agarre abierto (espalda)

Posición inicial: Sentado en una máquina de *pulldown*, coloque los cojinetes de rodillas para que sus muslos se ubiquen cómodamente debajo de ellos. Entonces agarre de modo abierto y con firmeza una barra; las manos deben estar colocadas al doble de la distancia de sus hombros. Este es un excelente ejercicio para los principales músculos de la espalda.

Inicio/Final

Ejercicio: Jale la barra hacia abajo, hasta la parte superior de su pecho. Concéntrese en mantener los codos directamente debajo de la barra. Arquee ligeramente la espalda y sostenga la barra en esa posición justo arriba de su clavícula mientras cuenta uno; después permita que la barra regrese despacio a la posición inicial.

Punto medio

CONSEJO

No se eche mucho hacia atrás y jale el peso hacia abajo con ímpetu.

CONSEJO

No jale la barra hasta el esternón. La barra debe jalarse hasta el área de la clavícula.

*También conocidos como jalón con polea.

Remos con mancuerna con un brazo (espalda)

Inicio/Final

Posición inicial: Empiece con el pie derecho plano sobre el piso y la rodilla izquierda descansando sobre un banco recto. Inclínese hacia adelante para que soporte el peso de la parte superior de su cuerpo con el brazo izquierdo que está en el banco. Su espalda debe estar casi paralela al piso.

Levante una mancuerna con su mano derecha. Mire hacia adelante y no hacia el piso, para mantener la espalda recta.

Punto medio

Ejercicio: Concéntrese en jalar el codo hacia arriba tan lejos como pueda. La mancuerna debe terminar casi paralela con su torso. Después de que ha "remado" con la mancuerna lo más arriba posible, bájala despacio a la posición inicial.

Al terminar el número planeado de repeticiones con su brazo derecho, siga las mismas instrucciones para el brazo izquierdo.

CONSEJO

No encorve la espalda.
Manténgala recta.

*Pulldowns** de agarre invertido (espalda)

Inicio/Final

Posición inicial: Sentado en una máquina de *pulldowns*, estírese y tome la barra con los brazos abiertos a la altura de sus hombros, con las palmas hacia usted (de ahí que se llame agarre invertido).

Punto medio

Ejercicio: Desde esta posición estirada, jale la barra hacia abajo hasta la parte superior de su pecho mientras contrae los músculos de la espalda y mantiene los codos pegados al cuerpo. Su espalda debe estar ligeramente arqueada, la barbilla y el pecho levantados y los músculos abdominales y lumbares tensos.

Entonces deje subir el peso resistiéndose a él mientras estira los brazos. Cuando termine la repetición, sus brazos deben quedar totalmente extendidos y sus músculos laterales estirados.

CONSEJO

No se eche demasiado atrás ni permita que el impulso domine.

CONSEJO

Recuerde que debe jalar la barra hasta su clavícula; si sólo la jala hasta la barbilla, no maximizará el trabajo de los músculos de la espalda.

*También conocidos como jalón con polea.

Guía de ejercicios

Pullovers con mancuernas (espalda)

Inicio/Final

Posición inicial: Acuéstese *a través* de un banco plano. Asegúrese de que sólo la parte superior de la espalda haga contacto con el banco. Levante la pesa sobre su cabeza y sosténgala sobre la cara hasta la altura de los brazos.

Ejercicio: Sin levantar las caderas, baje la mancuerna en un arco, con lentitud, mientras inhala profundamente. Cuando alcance una posición estirada, sosténgala mientras cuenta uno y luego levante el peso otra vez en un arco y exhale profundamente.

Punto medio

CONSEJO

No deje que las caderas se levanten mientras la mancuerna baja detrás de su cabeza. Mantenga las caderas por debajo del banco.

Guía de ejercicios

Extensiones con mancuerna* (tríceps)

Posición inicial: En este ejercicio debe usar una mancuerna con collarines para que sostengan las pesas firmemente. Párese con los pies separados a la altura de los hombros y las rodillas ligeramente dobladas. Tome un extremo de la mancuerna con ambas manos (las palmas hacia arriba) y levántela por encima de su cabeza.

Inicio/Final

Ejercicio: Empiece doblando los brazos y bajando despacio la mancuerna detrás de su cabeza. Mantenga los codos cerca de la cabeza y hacia arriba durante todo el ejercicio, para mantener el enfoque en los tríceps y no en los hombros. Baje el peso hasta que sienta un estiramiento en los tríceps, sosténgalo a la cuenta de uno y vuelva a subir el peso, siguiendo un arco para evitar que le golpee en la parte posterior de la cabeza.

Siga levantando hasta que los brazos estén arriba totalmente y la mancuerna esté de nuevo directamente sobre su cabeza.

Punto medio

CONSEJO

Mantenga los codos apuntando hacia arriba y adentro. No permita que se abran hacia los lados.

CONSEJO

No sostenga la mancuerna como si fuera un sandwich. Coloque las palmas dirigidas hacia la placa interior de la mancuerna, con los dedos índices y pulgares tocándose.

*También conocidos como copa con mancuerna.

*Pushdowns** de agarre cerrado (tríceps)

Posición inicial: Usando una máquina de polea con cable alto, coloque las manos más cerradas que los hombros con las palmas hacia abajo. Coloque los antebrazos paralelos con el piso. Mantenga los pies separados a la altura de los hombros para agregar estabilidad y doble ligeramente las rodillas. Sus muñecas deben estar colocadas en una posición neutral (sin echarlas hacia adelante ni hacia atrás) mientras dura el ejercicio. Tense los músculos abdominales para estabilizar la parte superior de su torso y evitar que se ladee. (¿Entendió todo esto?)

Inicio/Final

Punto medio

Ejercicio: Empuje la barra abajo, hacia sus piernas, con un movimiento circular hasta que los brazos estén derechos y los codos cerrados. Mantenga los antebrazos cerca de su cuerpo y flexione los tríceps en la posición anterior en lo que cuenta uno. Después permita que el peso regrese lentamente a la posición inicial y repítalo.

CONSEJO

No se encorve hacia adelante ni se recargue en la barra; la forma correcta debe ser con los hombros rectos, la barbilla y el pecho levantados y los ojos mirando directamente hacia adelante.

*También conocidos como jalón con polea.

Fondos en banco (tríceps)

Posición inicial: Párese con la espalda contra un banco o una silla maciza. Doble las piernas y coloque las manos en el borde delantero del banco. Coloque los pies hacia el frente para que casi todo su peso corporal descanse en sus brazos.

Inicio/Final

Punto medio

Ejercicio: Manteniendo los codos metidos contra los costados, doble los brazos y baje su cuerpo despacio hasta que los brazos estén paralelos al piso. Sus caderas deben caer derechas. Ahora enderece los brazos para regresar a la posición inicial.

CONSEJO

No baje su cuerpo demasiado. Esto puede crear tensión en los hombros.

CONSEJO

No permita que la parte superior de su cuerpo se extienda muy alejada del banco, pues esto crea tensión en las coyunturas de los hombros. Sus caderas deben permanecer cerca del banco.

Extensiones acostado con mancuernas* (tríceps)

Inicio/Final

Posición inicial: Acuéstese en un banco plano con una mancuerna en cada mano y los brazos extendidos sobre su cabeza, para que vea directamente hacia las manos. Sus palmas deben estar una frente a la otra.

Punto medio

Ejercicio: Doble los codos y baje despacio las mancuernas hacia sus hombros, no hacia su cabeza. Las partes altas de los brazos deben permanecer quietas. Mantenga los codos apuntando hacia arriba, no hacia atrás.

Este es un gran ejercicio para los tríceps, aunque es difícil al principio. Siga practicándolo y se acostumbrará a él.

CONSEJO

No permita que sus codos se abran. Manténgalos apuntando hacia arriba.

*También conocidos como *press* francés.

Curl inclinado con mancuernas (bíceps)

Inicio/Final

Posición inicial: Tome un par de mancuernas y siéntese en un banco inclinado. Mantenga los hombros rectos y el pecho elevado. En la posición inicial sus brazos deben colgar directamente hacia abajo.

Punto medio

Ejercicio: Mientras mantiene la espalda plana contra el banco y sus palmas hacia *adelante*, lleve las mancuernas hasta los hombros. Después baje las pesas despacio hasta que sus brazos cuelguen directamente hacia abajo, para que obtenga un estiramiento total en sus bíceps antes de volver a levantar las mancuernas.

CONSEJO

No se eche hacia adelante alejándose del banco inclinado. Esto por lo general hace que las pesas oscilen arriba.

Guía de ejercicios

Curl sentado con mancuernas (bíceps)

Posición inicial: Siéntese en el borde de un banco plano con los brazos a los costados y una mancuerna en cada mano. Ahora prepárese para concentrarse en flexionar los bíceps. Respire profundamente y comience.

Inicio/Final

Punto medio

Ejercicio: Con las palmas viendo hacia adelante, doble los brazos subiendo las mancuernas hacia los hombros. Durante el movimiento mantenga la parte alta de los brazos y el torso quietos; habrá algún movimiento, pero evite balancear el peso hacia arriba (un error *común*). Deje que sus bíceps hagan el trabajo. Después baje las mancuernas despacio hasta la posición inicial.

CONSEJO

No se incline hacia adelante ni hacia atrás mientras baja las pesas. Esto disminuye el trabajo de los bíceps.

Curl de barra parado (bíceps)

Posición inicial: Párese con los pies separados a la altura de sus hombros aproximadamente, sosteniendo la barra con las manos separadas a la altura de los hombros. Mantenga su pecho levantado y sus hombros rectos, como si estuviera parado en posición de firmes.

Inicio/Final

Punto medio

Ejercicio: Ahora, *sin* echarse para atrás, suba la pesa manteniendo los brazos cerca de sus costados. Sus codos no deben meterse en sus costillas buscando un efecto de palanca ni deben voltearse hacia afuera. Baje el peso completamente en una manera controlada.

CONSEJO

No adopte un agarre muy abierto o muy cerrado. Ambos pueden tensionar las muñecas y los codos. Sus manos deben estar a la misma distancia que sus hombros.

Curl de martillo (bíceps)

Posición inicial: Párese con los pies separados aproximadamente al nivel de los hombros, con los brazos extendidos a los lados y una mancuerna en cada mano, con sus palmas una frente a la otra.

Inicio/Final

Ejercicio: Doble ambos brazos, levantando las mancuernas hacia sus hombros. Durante el movimiento, mantenga la parte alta de sus brazos y su torso quietos. Baje las mancuernas con control. Recuerde seguir la cadencia "Estoy creando una Condición Física para Vivir Mejor".

Como mantiene sus palmas una frente a otra en este ejercicio, trabaja una parte diferente de sus bíceps.

Punto medio

CONSEJO

No se eche demasiado adelante o atrás. Mantenga los músculos abdominales tensos y el torso recto durante todo el ejercicio.

CONSEJO

No levante con las palmas hacia abajo. La manera correcta de levantar las mancuernas es con sus palmas, una frente a la otra.

Extensiones de piernas (cuadríceps)

Posición inicial: Siéntese en una máquina de extensiones para las piernas y enganche sus tobillos detrás del cojinete de rodilla. Si este cojinete es ajustable, debe colocarlo para que descanse en la parte inferior de sus espinillas, *no* encima de sus pies ni sobre la mitad de sus espinillas. Aférrese ligeramente a las manijas de la máquina o a los bordes del asiento, para impedir que se levanten sus caderas mientras realiza el ejercicio.

Inicio/Final

Punto medio

Ejercicio: Enderece sus piernas, levantando el peso con sus cuadríceps hasta que sus rodillas queden rectas. Siempre intente llegar al índice mayor de movimiento que pueda: todo hacia arriba y todo hacia abajo. Recuerde, en realidad nos *estiramos* cuando nos ejercitamos con este programa.

CONSEJO

Lleve el peso hasta abajo. Muchas personas sólo lo hacen hasta la mitad y vuelven a subirlo. Esto hace que el ejercicio sea la mitad de eficaz.

CONSEJO

No permita que sus caderas se levanten del asiento.

Press de piernas (cuadríceps)

Posición inicial: Colóquese en el asiento de una máquina de *press* para las piernas, con los pies abiertos a la distancia de los hombros, con los dedos apuntando ligeramente hacia fuera de la plataforma de empuje.

Inicio/Final

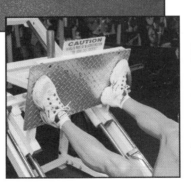

Punto medio

Ejercicio: Despacio baje el peso hasta el punto en que sus cuadríceps toquen su estómago mientras inhala profundamente. Entonces empuje el peso nuevamente a la posición inicial.

Asegúrese de empujar con los talones, *no* con los dedos, y no trabe las rodillas en la parte superior. Este es un gran ejercicio para las piernas, pero sin duda es un desafío.

CONSEJO

No coloque sus pies muy separados ni sus dedos en un ángulo forzado. Mantenga sus dedos sólo un poco hacia fuera, con los pies separados a la altura de sus hombros.

Sentadillas con barra (cuadríceps)

Posición inicial: Coloque la barra en la parte superior de su espalda, no en su pecho. Agarre la barra firmemente con sus manos separadas casi al doble de la distancia de sus hombros. Coloque sus pies un poco hacia fuera, separados a la altura de sus hombros.

Inicio/Final

Punto medio

Ejercicio: Doble las rodillas y despacio baje las caderas rectas hasta que sus muslos queden paralelos con el piso. Mantenga su espalda tan recta como le sea posible, con los hombros rectos y la barbilla levantada. Una vez que alcance esta posición, empuje desde los talones y levante el peso nuevamente. Inhale profundamente al descender y exhale al ascender. (Si tiene problemas con el equilibrio en este ejercicio, intente colocar debajo de los talones un bloque macizo de madera de 2.5 centímetros de grueso.)

Este es uno de los ejercicios más *demandantes* que existen, pero funciona de maravilla para crear piernas fuertes y firmes.

CONSEJO

No se eche demasiado para adelante o ejercerá mucha tensión sobre sus músculos lumbares.

Guía de ejercicios

Sentadillas con mancuernas (cuadríceps)

Inicio/Final

Posición inicial: Sostenga dos mancuernas a los costados, con sus palmas hacia adentro. Párese con los pies a la distancia de los hombros. Si tiene problemas con el equilibrio, intente colocar un bloque macizo de madera de unos 2.5 centímetros de grueso o un par de discos de mancuernas debajo de sus talones.

Ejercicio: Manteniendo la cabeza, la espalda y los hombros rectos, doble las piernas y baje las caderas hasta que sus muslos queden paralelos con el piso. Entonces, empujando desde los talones, levántese hasta la posición inicial. Mantenga la espalda tan recta como le sea posible a lo largo de todo el ejercicio.

Punto medio

Encogimientos con mancuernas* (parte posterior de los muslos)

Posición inicial: Párese con los pies juntos y los dedos apuntando hacia delante, con una mancuerna en cada mano. Mantenga los hombros rectos, la barbilla erguida y la espalda derecha.

Inicio/Final

Ejercicio: Dé un paso hacia delante con su pie derecho. Doble las rodillas y baje sus caderas hasta que su rodilla izquierda esté a unos cuantos centímetros del piso. Empuje con la pierna derecha, alzándose hasta la posición inicial. Repita hasta que haga el número planeado de repeticiones con la pierna derecha; luego haga lo mismo con la pierna izquierda.

Punto medio

CONSEJO

No apunte los pies hacia adentro o hacia fuera. Ambos pies deben apuntar hacia adelante.

CONSEJO

No levante su pie. Manténgalo plano. La manera correcta es hacerlo con una pierna extendida hasta el punto en que cuando doble la rodilla, quede encima de su pie, no frente a él.

*También conocidos como desplantes.

Curl de piernas parado (parte posterior de los muslos)

Posición inicial: Usando una máquina para realizar *curl* parado, coloque sus muslos y su pecho contra los cojinetes y sus tobillos contra el rodillo acojinado. Échese hacia delante y agárrese de las manijas.

Ejercicio: Lleve el peso hacia arriba, flexione la parte posterior de su muslo tanto como pueda y manténgalo así mientras cuenta uno. Entonces baje el peso despacio hasta la posición inicial. Después de terminar el número planeado de repeticiones con una pierna, haga lo mismo con la otra.

CONSEJO

No se eche para adelante o saque sus caderas. En este ejercicio, todo su cuerpo debe permanecer derecho.

Curl de piernas acostado (parte posterior de los muslos)

Inicio/Final

Posición inicial: Acuéstese boca abajo en una máquina para hacer *curl* acostado, ajustando su posición para que los cojinetes descansen sobre la parte posterior de sus tobillos.

Punto medio

Ejercicio: Doble las piernas hacia arriba y traiga los pies tan cerca de sus caderas como pueda; idealmente, el rodillo acojinado debe tocar la parte superior del lado posterior de sus muslos. Sostenga esta posición contraída mientras cuenta uno antes de bajar despacio el peso hasta la posición inicial, intentando una vez más alcanzar la mayor amplitud de movimiento.

CONSEJO

No levante las caderas mientras jala el peso, ya que esto agrega tensión a su región lumbar.

Peso muerto con piernas rectas (parte posterior de los muslos)

Inicio/Final

Posición inicial: Párese derecho, con los pies separados a la altura de los hombros y una mancuerna en cada mano, con las palmas hacia sus piernas.

Este es un ejercicio estupendo para la parte posterior de sus muslos y le ayuda a fortalecer la región lumbar.

Punto medio

Ejercicio: Dóblese hacia delante por las caderas y baje despacio las mancuernas frente a usted hasta que las pesas casi toquen el piso. Mantenga la espalda recta a lo largo de todo el ejercicio. Entonces, mientras sigue concentrado en los músculos posteriores de sus piernas, eleve la parte superior de su cuerpo y las pesas a la posición inicial.

CONSEJO

No se encorve. Mantenga la espalda más o menos rígida a lo largo de todo el ejercicio.

Levantamientos de pantorrillas sentado (pantorrillas)

Posición inicial: Colóquese en una máquina para elevaciones de pantorrillas sentado con la parte delantera de los pies sobre la plataforma y el cojinete de la rodilla sobre la parte inferior del frente de sus muslos. Mantenga la parte superior de su cuerpo quieta durante el ejercicio y concéntrese en sus pantorrillas.

Inicio/Final

Punto medio

Ejercicio: Baje despacio sus talones y permita que los músculos de sus pantorrillas se estiren tanto como pueda. Sostenga ese estiramiento mientras cuenta uno antes de empujar el peso tan alto como le sea posible. Flexione duro y sostenga mientras vuelve a contar uno. Después baje el peso lentamente.

CONSEJO

No coloque los cojinetes en la parte superior de sus muslos. Deben estar pegados a las rodillas.

Guía de ejercicios

Posición inicial: Utilizando, adivinó... una máquina de elevaciones de pantorrilla, parado, colóquese de manera que la parte superior de sus pies quede sobre la plataforma y los cojinetes que transfieren el peso estén encima de sus hombros. No se encorve.

Inicio/Final

Punto medio

Ejercicio: Sin doblar las caderas ni las rodillas, baje despacio el peso, mientras dice: "Estoy creando una Condición Física para Vivir Mejor" y estire los músculos de las pantorrillas tanto como pueda. Sostenga esta posición mientras cuenta uno. Después levante el peso lo más que pueda y sostenga la contracción mientras vuelve a contar uno.

CONSEJO

No permita que se encorve su espalda. Mantenga los hombros rectos, la barbilla levantada y la cara mirando hacia adelante.

Levantamientos de pantorrillas con una pierna (pantorrillas)

Inicio/Final

Posición inicial: Párese con la parte superior de su pie derecho sobre un escalón o bloque macizo de madera, una mancuerna en su mano derecha, sosteniéndose a algo con su mano izquierda para mantener el equilibrio. Levante su pie izquierdo y engánchelo detrás de su pantorrilla derecha.

Punto medio

CONSEJO

No permita que su pie se apoye sobre su dedo meñique cuando está elevándose. En lugar de eso, elévese flexionando la pantorrilla y coloque el peso sobre la zona del dedo gordo de su pie.

Ejercicio: Baje su talón derecho tanto como pueda, estirando toda su pantorrilla. Entonces empuje sobre los dedos de su pie tanto como pueda, contrayendo el músculo de la pantorrilla. Sostenga esa flexión en lo que cuenta uno; luego baje el peso despacio y repita durante el número planeado de repeticiones. Cambie de pierna y siga las mismas instrucciones.

Levantamientos de pantorrillas en ángulo (pantorrillas)

Inicio/Final

Posición inicial: Este es un buen ejercicio para la pantorrilla que puede realizar en casa o en un gimnasio. Todo lo que necesita es un par de mancuernas. Empiece sosteniendo una mancuerna en cada mano y parándose con los pies separados a la anchura de los hombros. Ahora, gire los pies hacia fuera para que formen un ángulo de 45 grados.

Punto medio

Ejercicio: Manteniendo las piernas derechas, párese sobre la punta de sus pies tanto como pueda. Haga una pausa y cuente uno; luego baje despacio a la posición inicial.

CONSEJO

No realice este ejercicio parado sobre una alfombra. Hágalo en una superficie dura como madera o concreto.

Abdominales de piso (abdominales)

Posición inicial: Estoy convencido de que ninguno de los accesorios y aparatos exóticos que prometen concederle un abdomen firme y sensual en un tiempo récord funciona tan bien como un simple ejercicio bien ejecutado de estiramiento de los músculos del abdomen llamado abdominales de piso.

Todo lo que debe hacer es acostarse en el piso (de preferencia alfombrado), colocar las manos detrás de la nuca, juntar las rodillas y colocar sus pies planos sobre el piso como a 30 centímetros de sus caderas.

Inicio/Final

Punto medio

CONSEJO

No cierre los brazos detrás de la cabeza. Sus manos deben estar ahuecadas a los lados de su cabeza y no deben utilizarse como palanca.

Ejercicio: Empiece empujando su región lumbar hacia abajo, como si quisiera hacer hundir el piso. Entonces, y sólo entonces, empiece a llevar sus hombros hacia arriba, manteniendo quietas las rodillas y las caderas. Continúe empujando tanto como pueda con la región lumbar.

El rango de movimiento en este ejercicio es muy limitado. En realidad, sus hombros sólo se separan del piso unos cuantos centímetros. Mantenga esta posición y flexione sus músculos abdominales lo más que pueda mientras cuenta uno y luego baje despacio los hombros al piso pero nunca deje de empujar con su región lumbar.

Tómese su tiempo para este ejercicio. No es una carrera ni un concurso para ver quién hace más. Si realiza este ejercicio correctamente, le garantizo que estará quemando la grasa abdominal para cuando realice una docena de repeticiones.

Guía de ejercicios

Abdominales con giros laterales (abdominales)

Posición inicial: Acuéstese sobre su espalda con las rodillas dobladas y las manos detrás de la cabeza. Permita que sus piernas caigan tan lejos como puedan hacia su lado izquierdo para que la parte superior de su cuerpo esté plana sobre el piso y la parte inferior de su cuerpo esté de lado.

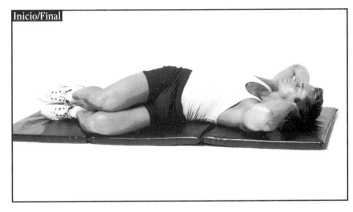

Inicio/Final

Punto medio

No cierre las manos detrás de la cabeza.

Ejercicio: Presione la región lumbar hacia el piso mientras sube un poco la parte superior de su cuerpo hasta que sus omóplatos se separen del suelo. Concéntrese en los oblicuos (los músculos que se encuentran a los lados de su cintura) y contraiga y sostenga el movimiento mientras cuenta uno. La clave para hacer que este ejercicio sea muy eficaz es mantener esta contracción. (La mayoría de las personas no hacen esto: sólo se levantan y vuelven a bajar.)

Después de mantener la contracción, baje despacio a la posición inicial, cuente uno y realice su siguiente repetición. Después de completar el número planeado de repeticiones del lado derecho, cambie al lado izquierdo y siga las mismas instrucciones.

Levantamientos de tronco en banco inclinado (abdominales)

Posición inicial: Este es un gran ejercicio para los músculos abdominales inferiores y medios.

Para poder realizar este ejercicio, necesitará un banco inclinado que le permita enganchar los pies. Colóquese en el banco con los pies enganchados. La parte superior de su cuerpo debe estar perpendicular al banco para que tenga que contraer sus abdominales y así poder permanecer en su lugar. Coloque las manos a los lados de la cabeza, justo detrás de las orejas. No cierre los dedos.

Inicio/Final

Punto medio

Ejercicio: Baje la parte superior de su cuerpo mientras contrae los músculos abdominales. Baje sólo unos 30 centímetros. (No llegue hasta abajo). Sostenga y flexione muy fuerte en lo que cuenta uno. Después, trate de subir a la posición inicial. Cuando su fuerza aumente y pueda realizar más de 12 repeticiones, coloque una pesa (empiece sólo con 5 kilogramos) y realice el ejercicio como se le indica aquí, mientras sostiene el peso contra su pecho.

CONSEJO

No baje demasiado; esto agregaría tensión sobre la región lumbar.

Levantamientos de piernas con las rodillas dobladas (abdominales)

Posición inicial: Acuéstese sobre una alfombra o colchoneta con las manos detrás de las caderas y las palmas hacia abajo para tener apoyo. Levante un poco la cabeza del piso, pero no llegue con la barbilla al pecho.

Inicio/Final

Punto medio

Ejercicio: Empiece levantando las piernas del piso mientras simultáneamente las dobla por las rodillas, jalando sus muslos lentamente hacia su pecho. Ahora, con las rodillas llegando a su pecho, contraiga los músculos abdominales y levante un poco la pelvis del piso.

Entonces, estire lentamente las piernas. Llévelas hasta el piso pero no deje que lo toquen. Sostenga esta posición mientras cuenta uno y luego llévelas hacia arriba nuevamente.

CONSEJO

No levante demasiado la cabeza ni permita que la región lumbar se arquee; ésta debe estar presionada contra el piso y su cabeza debe estar atrás, sólo un poco levantada del piso.

Aviso: Si desea ver una demostración en video de cualquiera de los ejercicios que se muestran en esta sección, visite www.bodyforlife.com

Reportes diarios de progreso

Apéndice D

Método de Alimentación para Vivir Mejor
Reporte diario de progreso

Condición Física
para
Vivir Mejor

Fecha:	Día: 1 de 84

Total de porciones de proteína: 6	Total de porciones de proteína:
Total de porciones de carbohidratos: 6	Total de porciones de carbohidratos:
Total de vasos de agua: 10	Total de vasos de agua:

PLANEADO	REALIZADO
Comida 1	**Comida 1**
☐ a.m. ☐ p.m.	☐ a.m. ☐ p.m.
Comida 2	**Comida 2**
☐ a.m. ☐ p.m.	☐ a.m. ☐ p.m.
Comida 3	**Comida 3**
☐ a.m. ☐ p.m.	☐ a.m. ☐ p.m.
Comida 4	**Comida 4**
☐ a.m. ☐ p.m.	☐ a.m. ☐ p.m.
Comida 5	**Comida 5**
☐ a.m. ☐ p.m.	☐ a.m. ☐ p.m.
Comida 6	**Comida 6**
☐ a.m. ☐ p.m.	☐ a.m. ☐ p.m.

NOTAS

Experiencia del Entrenamiento para Vivir Mejor
Reporte diario de progreso

Patrón de intensidad

Fecha:	Hora planeada para empezar:	Hora real del inicio:
Día: 1 de 84	Hora planeada para terminar:	Hora real del término:
Entrenamiento de la parte superior del cuerpo	Tiempo a completar: 46 minutos	Tiempo total:

Grupos musculares de la parte superior del cuerpo	Ejercicios	PLANEADO				REALIZADO			
		Reps.	Peso (Kg)	Minutos entre series	Nivel de intensidad	Reps.	Peso (Kg)	Minutos entre series	Nivel de intensidad
Pecho		12		1	5				
		10		1	6				
		8		1	7				
		6		1	8				
Punto más alto		12		0	9				
		12		2	10				
Hombros		12		1	5				
		10		1	6				
		8		1	7				
		6		1	8				
Punto más alto		12		0	9				
		12		2	10				
Espalda		12		1	5				
		10		1	6				
		8		1	7				
		6		1	8				
Punto más alto		12		0	9				
		12		2	10				
Tríceps		12		1	5				
		10		1	6				
		8		1	7				
		6		1	8				
Punto más alto		12		0	9				
		12		2	10				

En este momento, deberá llevar 37 minutos de entrenamiento de pesas para la parte superior de su cuerpo y le deben faltar 9 minutos todavía.

Grupos musculares	Ejercicios	Reps.	Peso (Kg)	Minutos entre series	Nivel de intensidad	Reps.	Peso (Kg)	Minutos entre series	Nivel de intensidad
Bíceps		12		1	5				
		10		1	6				
		8		1	7				
		6		1	8				
Punto más alto		12		0	9				
		12		-	10				

NOTAS

Método de Alimentación para Vivir Mejor
Reporte diario de progreso

Fecha:	Día: 2 de 84

Total de porciones de proteína: 6	Total de porciones de proteína:
Total de porciones de carbohidratos: 6	Total de porciones de carbohidratos:
Total de vasos de agua: 10	Total de vasos de agua:

PLANEADO	REALIZADO
Comida 1	**Comida 1**
☐ a.m. ☐ p.m.	☐ a.m. ☐ p.m.
Comida 2	**Comida 2**
☐ a.m. ☐ p.m.	☐ a.m. ☐ p.m.
Comida 3	**Comida 3**
☐ a.m. ☐ p.m.	☐ a.m. ☐ p.m.
Comida 4	**Comida 4**
☐ a.m. ☐ p.m.	☐ a.m. ☐ p.m.
Comida 5	**Comida 5**
☐ a.m. ☐ p.m.	☐ a.m. ☐ p.m.
Comida 6	**Comida 6**
☐ a.m. ☐ p.m.	☐ a.m. ☐ p.m.

NOTAS

Solución Aeróbica de 20 Minutos
Reporte diario de progreso

Fecha:	
Día 2 de 84	
Entrenamiento aeróbico	

Hora planeada para empezar:	
Hora planeada para terminar:	
Tiempo a completar: 20 minutos	

Hora real del inicio:	
Hora real del término:	
Tiempo total:	

EJERCICIO	PLANEADO		EJERCICIO	REALIZADO	
	Minuto a minuto	Nivel de intensidad		Minuto a minuto	Nivel de intensidad
	1	5		1	
	2	5		2	
	3	6		3	
	4	7		4	
	5	8		5	
	6	9		6	
	7	6		7	
	8	7		8	
	9	8		9	
	10	9		10	
	11	6		11	
	12	7		12	
	13	8		13	
	14	9		14	
	15	6		15	
	16	7		16	
	17	8		17	
Punto más alto	18	9	**Punto más alto**	18	
	19	10		19	
	20	5		20	

NOTAS

Método de Alimentación para Vivir Mejor
Reporte diario de progreso

Fecha:	Día: 3 de 84

Total de porciones de proteína: 6	Total de porciones de proteína:
Total de porciones de carbohidratos: 6	Total de porciones de carbohidratos:
Total de vasos de agua: 10	Total de vasos de agua:

PLANEADO	REALIZADO
Comida 1	**Comida 1**
☐ a.m. ☐ p.m.	☐ a.m. ☐ p.m.
Comida 2	**Comida 2**
☐ a.m. ☐ p.m.	☐ a.m. ☐ p.m.
Comida 3	**Comida 3**
☐ a.m. ☐ p.m.	☐ a.m. ☐ p.m.
Comida 4	**Comida 4**
☐ a.m. ☐ p.m.	☐ a.m. ☐ p.m.
Comida 5	**Comida 5**
☐ a.m. ☐ p.m.	☐ a.m. ☐ p.m.
Comida 6	**Comida 6**
☐ a.m. ☐ p.m.	☐ a.m. ☐ p.m.

NOTAS

Experiencia del Entrenamiento para Vivir Mejor
Reporte diario de progreso

Fecha:	Hora planeada para empezar:	Hora real del inicio:
Día: 3 de 84	Hora planeada para terminar:	Hora real del término:
Entrenamiento de la parte inferior del cuerpo	Tiempo a completar: 42 minutos	Tiempo total:

Grupos musculares de la parte inferior del cuerpo	Ejercicios	PLANEADO				REALIZADO			
		Reps.	Peso (Kg)	Minutos entre series	Nivel de intensidad	Reps.	Peso (Kg)	Minutos entre series	Nivel de intensidad
Cuadríceps		12		1	5				
		10		1	6				
		8		1	7				
		6		1	8				
Punto		12		0	9				
más alto		12		2	10				
Parte		12		1	5				
posterior		10		1	6				
de los		8		1	7				
muslos		6		1	8				
Punto		12		0	9				
más alto		12		2	10				
Pantorrillas		12		1	5				
		10		1	6				
		8		1	7				
		6		1	8				
Punto		12		0	9				
más alto		12		2	10				

En este momento, deberá llevar 31 minutos de entrenamiento de pesas para la parte inferior de su cuerpo y le deben faltar 11 minutos todavía.

		PLANEADO				REALIZADO			
Abdominales		12		1	5				
		10		1	6				
		8		1	7				
		6		1	8				
Punto		12		0	9				
más alto		12		-	10				

NOTAS

Método de Alimentación para Vivir Mejor
Reporte diario de progreso

Fecha:	Día: 4 de 84

Total de porciones de proteína: 6	Total de porciones de proteína:
Total de porciones de carbohidratos: 6	Total de porciones de carbohidratos:
Total de vasos de agua: 10	Total de vasos de agua:

PLANEADO	REALIZADO
Comida 1	**Comida 1**
☐ a.m. ☐ p.m.	☐ a.m. ☐ p.m.
Comida 2	**Comida 2**
☐ a.m. ☐ p.m.	☐ a.m. ☐ p.m.
Comida 3	**Comida 3**
☐ a.m. ☐ p.m.	☐ a.m. ☐ p.m.
Comida 4	**Comida 4**
☐ a.m. ☐ p.m.	☐ a.m. ☐ p.m.
Comida 5	**Comida 5**
☐ a.m. ☐ p.m.	☐ a.m. ☐ p.m.
Comida 6	**Comida 6**
☐ a.m. ☐ p.m.	☐ a.m. ☐ p.m.

NOTAS

Solución Aeróbica de 20 Minutos
Reporte diario de progreso

Patrón de intensidad

Fecha:	Hora planeada para empezar:	Hora real del inicio:
Día 4 de 84	Hora planeada para terminar:	Hora real del término:
Entrenamiento aeróbico	Tiempo a completar: 20 minutos	Tiempo total:

EJERCICIO	PLANEADO		EJERCICIO	REALIZADO	
	Minuto a minuto	Nivel de intensidad		Minuto a minuto	Nivel de intensidad
	1	5		1	
	2	5		2	
	3	6		3	
	4	7		4	
	5	8		5	
	6	9		6	
	7	6		7	
	8	7		8	
	9	8		9	
	10	9		10	
	11	6		11	
	12	7		12	
	13	8		13	
	14	9		14	
	15	6		15	
	16	7		16	
	17	8		17	
Punto más alto	18	9	Punto más alto	18	
	19	10		19	
	20	5		20	

NOTAS

Método de Alimentación para Vivir Mejor
Reporte diario de progreso

Fecha:	Día: 5 de 84

Total de porciones de proteína: 6	Total de porciones de proteína:
Total de porciones de carbohidratos: 6	Total de porciones de carbohidratos:
Total de vasos de agua: 10	Total de vasos de agua:

PLANEADO	REALIZADO
Comida 1	**Comida 1**
☐ a.m. ☐ p.m.	☐ a.m. ☐ p.m.
Comida 2	Comida 2
☐ a.m. ☐ p.m.	☐ a.m. ☐ p.m.
Comida 3	**Comida 3**
☐ a.m. ☐ p.m.	☐ a.m. ☐ p.m.
Comida 4	**Comida 4**
☐ a.m. ☐ p.m.	☐ a.m. ☐ p.m.
Comida 5	**Comida 5**
☐ a.m. ☐ p.m.	☐ a.m. ☐ p.m.
Comida 6	**Comida 6**
☐ a.m. ☐ p.m.	☐ a.m. ☐ p.m.

NOTAS

Experiencia del Entrenamiento para Vivir Mejor

Reporte diario de progreso

Patrón de intensidad

Fecha:	Hora planeada para empezar:	Hora real del inicio:
Día: 5 de 84	Hora planeada para terminar:	Hora real del término:
Entrenamiento de la parte superior del cuerpo	Tiempo a completar: 46 minutos	Tiempo total:

Grupos musculares de la parte superior del cuerpo	Ejercicios	PLANEADO				REALIDAD			
		Reps.	Peso (Kg)	Minutos entre series	Nivel de intensidad	Reps.	Peso (Kg)	Minutos entre series	Nivel de intensidad
Pecho		12		1	5				
		10		1	6				
		8		1	7				
		6		1	8				
Punto más alto		12		0	9				
		12		2	10				
Hombros		12		1	5				
		10		1	6				
		8		1	7				
		6		1	8				
Punto más alto		12		0	9				
		12		2	10				
Espalda		12		1	5				
		10		1	6				
		8		1	7				
		6		1	8				
Punto más alto		12		0	9				
		12		2	10				
Tríceps		12		1	5				
		10		1	6				
		8		1	7				
		6		1	8				
Punto más alto		12		0	9				
		12		2	10				

En este momento, deberá llevar 37 minutos de entrenamiento de pesas para la parte superior de su cuerpo y le deben faltar 9 minutos todavía.

Grupos musculares	Ejercicios	Reps.	Peso (Kg)	Minutos entre series	Nivel de intensidad	Reps.	Peso (Kg)	Minutos entre series	Nivel de intensidad
Bíceps		12		1	5				
		10		1	6				
		8		1	7				
		6		1	8				
Punto más alto		12		0	9				
		12		-	10				

NOTAS

Método de Alimentación para Vivir Mejor
Reporte diario de progreso

Fecha:	Día: 6 de 84

Total de porciones de proteína: 6	Total de porciones de proteína:
Total de porciones de carbohidratos: 6	Total de porciones de carbohidratos:
Total de vasos de agua: 10	Total de vasos de agua:

PLANEADO	REALIZADO

Comida 1
- ☐ a.m.
- ☐ p.m.

Comida 1
- ☐ a.m.
- ☐ p.m.

Comida 2
- ☐ a.m.
- ☐ p.m.

Comida 2
- ☐ a.m.
- ☐ p.m.

Comida 3
- ☐ a.m.
- ☐ p.m.

Comida 3
- ☐ a.m.
- ☐ p.m.

Comida 4
- ☐ a.m.
- ☐ p.m.

Comida 4
- ☐ a.m.
- ☐ p.m.

Comida 5
- ☐ a.m.
- ☐ p.m.

Comida 5
- ☐ a.m.
- ☐ p.m.

Comida 6
- ☐ a.m.
- ☐ p.m.

Comida 6
- ☐ a.m.
- ☐ p.m.

NOTAS

Solución Aeróbica de 20 Minutos
Reporte diario de progreso

Fecha:	Hora planeada para empezar:	Hora real del inicio:
Día 6 de 84	Hora planeada para terminar:	Hora real del término:
Entrenamiento aeróbico	Tiempo a completar: 20 minutos	Tiempo total:

EJERCICIO	PLANEADO		EJERCICIO	REALIZADO	
	Minuto a minuto	Nivel de intensidad		Minuto a minuto	Nivel de intensidad
	1	5		1	
	2	5		2	
	3	6		3	
	4	7		4	
	5	8		5	
	6	9		6	
	7	6		7	
	8	7		8	
	9	8		9	
	10	9		10	
	11	6		11	
	12	7		12	
	13	8		13	
	14	9		14	
	15	6		15	
	16	7		16	
	17	8		17	
Punto más alto	18	9	Punto más alto	18	
	19	10		19	
	20	5		20	

NOTAS

Historias de éxito
de la vida real
Apéndice E

"He alcanzado un nuevo nivel de aptitud física y mental."

A principios del año pasado supe que mi madre estaba enferma de cáncer terminal. Cuando me dijeron que sólo le quedaban tres meses de vida, me sentí devastada. Me mudé de California, donde vivía en ese momento, a Florida, para ayudarle a mi hermana a cuidarla.

Mamá y yo siempre hemos sido muy unidas. Al verla enferma y postrada me sentí muy deprimida. Empecé a liberarme del estrés comiendo incontrolablemente, lo cual dificultaba que pudiera hacer por ella todo lo que yo quería. El peso que estaba ganando me dejaba tan débil y exhausta que era una lucha poder hacer mis cosas durante el día, pues casi no tenía energía.

Cierto día estaba sentada con mi mamá en la cama, y observé nuestros reflejos en el espejo. Vi a alguien que estaba muriendo, pero era *yo*, no mi mamá. Fue entonces cuando decidí que tenía que cambiar. ¿Cómo podría cuidar de mamá cuando ni siquiera podía cuidar de mí misma?

También comprendí que mi deplorable estado le hacía daño; mamá no quería verme en esas condiciones. Como todas las madres, quería lo mejor de la vida para mí. Eso fue suficiente. Tenía las razones necesarias para aceptar el desafío de Bill.

Puesto que mi madre requería de cuidados las 24 horas del día, el tiempo era mi mayor restricción. Pero ya estaba decidida, y conforme pasaban las semanas, el tiempo significó cada vez menos problema, porque recobré la energía y podía realizar más actividades. Mis amigos y familiares empezaron a felicitarme por mi nueva apariencia y me preguntaban cómo podían obtener esos mismos resultados tan extraordinarios. Mi autoestima y confianza se elevaron vertiginosamente. ¡Después de 12 semanas me sentía tan entusiasmada que seguí con el programa! He perdido más de 15 kilos, y aún estoy logrando progresos. Mi madre recibió el regalo que tantas ganas tenía de darle: hacer de mí una mejor persona.

Gail Gosselin
Edad: 32 años
Representante comercial
Dade City, Florida

Historias de éxito de la vida real

"Durante el proceso de recreación, comprendí mi propósito en la vida."

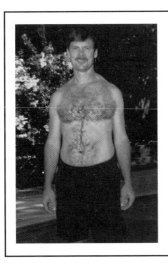

Al igual que muchos *baby boomers*, yo soñaba con el día en que pudiera retirarme. Debía estar contento porque ese día se acercaba, pero lo cierto es que me sentía desdichado. Había pasado varios años preparándome para convertirme en médico de urgencias, y aparentemente lo había logrado. Tengo una gran familia, mis hijos asisten a la mejor escuela de la ciudad y vivo en una casa más grande de lo que necesito. Pero en mi interior me sentía infeliz. Me sentía resentido por lo que me había hecho llegar a donde estaba: mi mente estaba anquilosada y mi cuerpo camino a la tumba. Al aceptar la mediocridad y renunciar a la esperanza, perdí mi pasión por la vida.

Algo que deseaba en secreto era estar en buena forma. No exageradamente musculoso, pero sí fuerte y con energía para sentirme bien conmigo mismo al practicar algún deporte al aire libre (bicicleta de montaña, caminata o kayak). Así que acepté el desafío de Bill. Mi meta era construir mi cuerpo y recuperar mi pasión por la vida, todo ello en sólo 12 semanas.

El programa fue difícil al principio, pero en pocas semanas empecé a sentir que mi confianza y autoestima aumentaban. Mi nivel de energía resurgió y empecé a dormir mejor de lo que había podido hacerlo en mucho tiempo. Mi mente se agudizó y empecé a interesarme por el mundo de nuevo.

Alcancé mis metas físicas y redescubrí mi pasión por la vida: ahora mi mente, cuerpo y alma eran una sola cosa. Ya no soy un hombre de 47 años que sueña con escapar. Me siento bien, me veo mejor y no existe una montaña tan alta que no la pueda escalar.

Y, lo más importante de todo, durante este proceso de recreación, recorrido en las últimas 12 semanas, comprendí mi elevado propósito en la vida de ayudar a los demás. No puedo pensar en una recompensa más satisfactoria.

Russell Simpson
Edad: 47 años
Médico
Huntsville, Alabama

"Aprendimos que la condición física afecta todos los aspectos de la vida."

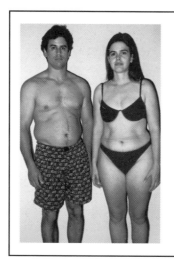 

Existen ciertos momentos que nos marcan para toda la vida. Momentos en los que se comprende que nada volverá a ser igual, y entonces el tiempo se divide en dos: antes y después del suceso. Este programa crea ese tipo de momentos, al ofrecer a las personas de cualquier edad, raza o sexo la oportunidad de cambiar su manera de vivir y volverse más saludables, más felices, más fuertes y llenos de confianza.

Durante los últimos años nuestras vidas habían entrado en la monotonía. No sabíamos nada sobre la nutrición, hacíamos muy poco ejercicio y teníamos aproximadamente 15 kilos de sobrepeso. Lo peor de todo era que nuestra autoestima iba en picada.

Decidimos aceptar el desafío de Bill. Como pareja, nos fijamos las metas de perder grasa, ganar músculo y, por una vez en nuestras vidas, demostrar a los demás que todo es posible.

Poco a poco empezamos a reconstruir nuestros cuerpos y, cuando comenzamos a fortalecernos, también se fortaleció nuestra familia. Finalmente estábamos haciendo juntos algo de suma importancia. Nuestros hijos vieron cómo su mamá y su papá trabajaban juntos para lograr un mismo objetivo, y nosotros los involucramos en el proceso para que formaran parte de esa experiencia tan especial.

Aprendimos que la condición física afecta todos los aspectos de la vida. No hay mejor manera de impulsar la propia valía que fijando y alcanzando metas. ¿Y qué mejor lugar para empezar que tu propio cuerpo? Nos hemos comprometido a compartir nuestras experiencias con los demás y a demostrarles cómo pueden llegar a descubrir su verdadero potencial.

Fred y Stephanie Morales
Edades: 30 y 28 años
Dueño de un negocio y ama de casa
Carlsbad, California

"Perdí 10 kilos de grasa y estoy más fuerte que nunca."

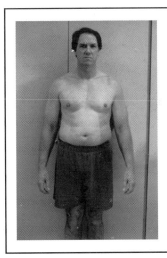

Como maestro y entrenador de futbol en una secundaria, mi dinámico estilo de vida siempre había incluido las actividades necesarias para mantener un alto nivel de condición y apariencia física que me hacía sentir orgulloso. Sin embargo, cuando me acercaba a mi quincuagésimo aniversario, las responsabilidades de mi carrera, los compromisos familiares y la disciplina de la vida cotidiana hicieron que mi condición física empezara a descender dentro de mi lista de prioridades. Siempre había una razón por la que no podía encontrar el tiempo necesario para "comer bien" o hacer ejercicio.

Finalmente, mi sobrepeso contribuyó a agravar un problema crónico en la espalda que me ocasionaba un dolor constante. Empecé a aceptar la idea de que mis mejores días habían pasado y que ya sólo podía esperar una decadencia física continua.

Sin embargo, me enteré de este programa gracias a mi doctor, al que acudí para que atendiera mi dolor de espalda. Cuando empezó a contarme los detalles, tuve la sensación arrolladora de que esa era la verdadera razón por la que yo estaba ahí. Tenía que aceptar ese desafío.

En pocas semanas mis músculos empezaron a cambiar y crecían día con día. Comenzaron a definirse más, mientras las capas de grasa iban desapareciendo. Perdí 10 kilos de grasa. Mi espalda nunca había estado mejor. Ahora me siento más fuerte que nunca. Mi nivel de colesterol ha descendido dramáticamente.

Es como si hubiera descubierto "los secretos de todos los tiempos" o la fuente de la juventud. Me siento como si tuviera otra vez 25 años y mi "lavadero" abdominal es la envidia de los atletas de 17 años de edad que asisten al salón de pesas de la secundaria.

Brandon McFadden
Edad: 49 años
Maestro
Oxford, Ohio

"Si ayudo a una persona a sentirse tan bien como yo, habré logrado algo importante."

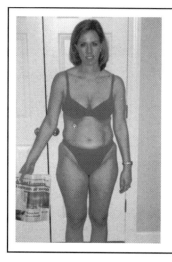 

Ahora sé lo que se siente ser una ganadora. Sé lo que se siente fijarse una meta y alcanzarla. No tenía idea de lo mucho que mi vida cambiaría con esta experiencia.

Cuando empecé con el programa mi condición era la de muchas nuevas madres: fuera de forma, cansada y sin inspiración. Dieciséis meses después del nacimiento de mi hija aún tenía 12 kilos de sobrepeso. Finalmente me di cuenta de lo mal que me veía al encontrar una fotografía que me tomó un amigo durante el verano, donde estaba en traje de baño. Me horroricé. ¿Qué había pasado con aquella persona joven, delgada y radiante?

Nunca antes había levantado pesas. Nunca me había sometido a un plan estructurado de nutrición. Era insegura y sabía que con este programa me saldría de mi "zona de comodidad". Así que me enfrenté al proceso con la idea de dar "pasos de bebé" y hacer que todo resultara muy sencillo.

Cuando empecé, pesaba 73 kilos y tenía 29.5% de grasa corporal. Después de las 12 semanas, pesaba 62 kilos con un 15.5% de grasa corporal. ¡Y había perdido más de 50 centímetros! Nunca sentí tanta energía en toda mi vida. Pero aún más alentador que mis resultados físicos, fue la respuesta de familiares, amigos, compañeros de trabajo e incluso de extraños. Nadie me había pedido consejo sobre cómo adquirir condición física. Pero cuando los demás presenciaron mi transformación, empezaron a pedirme ayuda. Lo mejor de todo es que no puedo realizar un entrenamiento sin que alguien se me acerque y me pregunte cómo estoy logrando esos resultados tan fantásticos.

Ahora comparto lo que he aprendido con todos los que puedo, y si ayudo a una persona a sentirse tan bien como yo, habré logrado algo importante.

He descubierto que al cambiar mi apariencia física conocí mi yo interno. Aprendí que soy decidida, dedicada, persistente y que tengo fuerza de voluntad. También sé que puedo forzarme más allá del dolor físico y de los bloqueos emocionales para alcanzar mis metas, lo cual es el mejor regalo que este desafío me ha otorgado y siempre estaré agradecida.

Mary Queen
Edad: 28 años
Madre y Ejecutiva en Contabilidad
High Point, NC

"Este desafío nos ha enseñado que las personas comunes y corrientes pueden inspirar a otros para cambiar sus vidas."

Nos conocimos siendo atletas universitarios. en esa época pasábamos horas entrenando, seguíamos estrictas dietas bajas en calorías y nunca levantamos pesas. No nos dimos cuenta entonces, pero nuestros conceptos erróneos acerca del entrenamiento nos habían frenado. Después, cuando empezamos a trabajar y tuvimos un hijo, fallamos en los esfuerzos por mantener aquella "figura universitaria". Durante mucho tiempo no supimos exactamente qué nos faltaba. Este desafio nos ha ofrecido una segunda oportunidad de sentirnos fuertes, en forma y llenos de energía.

Empezamos organizando nuestras vidas, planeando las comidas, los entrenamientos y escribiendo nuestras metas. Hicimos malabares con los horarios de modo que pudiéramos hacer ejercicio juntos y compartir algunos alimentos. Y así dio inicio la aventura.

En unas cuantas semanas nos veíamos y sentíamos mejor. ¡Otra cosa importante era el dinero que ahorrábamos luego de abandonar la comida rápida! La familia y los amigos empezaron a darse cuenta del cambio y nos dijeron que no sólo lucíamos mejor sino más felices. ¡Y así era! No se trataba tanto de cómo nos veíamos, sino de lo que estaba ocurriendo en nuestro interior. Había días complicados, pero al organizar nuestros horarios, incluso nos quedaba tiempo para ser voluntarios en una organización juvenil local.

El vernos crecer de esa manera tan positiva, y tan rápidamente, se convirtió en una fuente diaria de alegría y energía positiva. El mayor triunfo ha sido darnos cuenta de que estamos viviendo en un nivel superior. Y eso nos ha ayudado a convertirnos en mejores padres, mejores profesionistas, y también nos ha permitido ayudar a otros a transformarse.

Este desafío nos ha enseñado que las personas comunes y corrientes pueden compartir su éxito e inspirar a otros para cambiar sus vidas. ¡También sabemos ahora que completar esas 12 semanas es todo un desafío! Nuestro secreto consistió en dedicarle los días difíciles a otros: a nuestra familia y amigos que de alguna manera se sentían inspirados al ver cómo íbamos alcanzando nuestras metas. Actualmente estamos dedicados a ayudarlos para encontrar la felicidad que disfrutamos cada día.

Gary y Amy Arbuckle
Edades: 28 y 24 años
Padres. Médico y reportera meteorológica
Denver, Colorado

"El coraje es como un músculo: también le toma tiempo crecer."

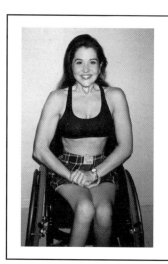

Al igual que otras personas en este mundo, me he impuesto muchas limitaciones debido a un estigma que existe en la sociedad. Como estoy en una silla de ruedas, no hay muchas expectativas acerca de lo que debe ser la vida. Durante un tiempo pensé que llevaría el estilo de vida inactivo y dependiente que muchas personas esperaban que llevara. Había construido a mi alrededor un muro de vergüenza y miedo.

Cuando supe de este desafío, despertó en mi interior el deseo de mirar hacia adelante y no hacia atrás. Pronto desarrollé una pasión por adquirir mucha fuerza. Empecé a mentalizar que esos límites que me había impuesto durante tanto tiempo no eran diferentes de aquellos que cualquier persona normal debe enfrentar a lo largo de su vida. He tenido que romper con esos límites autoimpuestos para poder crecer en todos los sentidos.

El elemento principal que me mantuvo desde que empecé mi transformación, fue la idea de que podría inspirar a otros, de que podría fortalecer su salud y su perspectiva sobre la vida. Sin embargo, al paso del tiempo mi deseo creció aún más. Empezaba a notar una tremenda mejoría en mi fuerza y en mi físico. Gané 3 kilos y medio de músculo y mi fuerza casi se duplicó en tres meses. Para poder continuar, tuve que ir más allá y desarrollar un coraje más profundo para aprender, realizarme y tener éxito durante el resto de mi vida.

Creo que el coraje es como un músculo: también le toma tiempo crecer. Estoy segura de que esta experiencia ha sido la base para desarrollar esta clase de coraje, que me dio el poder de aprender, desarrollarme y tener éxito. Les mostraré a otros cómo ir más allá de este primer paso, desarrollando el "músculo" más importante: el coraje.

Raven Simpson
Edad: 20 años
Estudiante
Lubbock, Texas

"El desafío me enseñó... a tomar decisiones intrépidas por las razones correctas y actuar en consecuencia."

Obtuve más del desafío de lo que inverti en él. Mi dinamismo hizo que ocurrieran cosas que nunca esperé. Mi familia, mis amigos y las personas en todas partes empezaron a preguntarme qué estaba sucediendo. Podían ver los cambios físicos, pero lo que más llamaba su atención eran los cambios en mi espíritu y en mi actitud. Me lleno de energía compartiendo mi historia con ellos, contestando todas sus preguntas y ayudándoles a empezar sus propias transformaciones. Nunca imaginé lo gratificante que sería verlos alcanzar el éxito.

Mi mamá siempre se ha dedicado a la familia y a los demás, nunca se preocupaba por ella misma. Así que la ayudé a dar los primeros pasos en esta desafiante y remuneradora jornada. ¡Y ahora ha triunfado más allá de sus expectativas! A los 56 años, ha perdido 7 kilos de grasa, gana en tono muscular y energía en tan sólo 12 semanas. Está fuerte y saludable y ahora es ella quien me inspira a mí. Cuando mis seres queridos empezaron a transformarse, su entusiasmo y éxito aumentaron mi confianza.

Pasé los últimos diez años de mi vida luchando por escalar hasta un puesto de alto nivel en una importante compañía farmacéutica. Aunque había aspectos en mi empleo con los que me sentía satisfecho, comprendí que mi carrera no me llenaba del todo. El desafío me enseñó que la única manera de lograr algo importante es tomar decisiones intrépidas por las razones correctas y actuar en consecuencia. Así que me fijé nuevas metas... y renuncié a mi empleo.

A mis 32 años, me inscribí en un curso previo al inicio de la carrera de médico. Tengo la confianza y la fuerza de voluntad necesarias para lograr que mis sueños se hagan realidad. Además sé que puedo ayudar a hacer la diferencia en las vidas de otros.

Este desafío me ha convertido en una mejor persona. Al enfrentar mi temor al fracaso y modificar mis hábitos y puntos de vista, he desarrollado mi carácter junto con mi cuerpo y mi salud. Fijando y comprometiéndome con nuevas metas, he aprendido que al esforzarme por alcanzarlas obtengo mi recompensa. Al compartir mis experiencias y entusiasmo, he visto cómo una persona ordinaria como yo puede ayudar a tantos otros. Y, lo más importante, descubrí que estas lecciones son mucho más valiosas que lo que podría ser cualquier otro premio material.

Tom Archipley
Edad: 32 años
Padre y estudiante de medicina
Okemos, MI

Historias de éxito de la vida real

"Finalmente he conseguido un cuerpo excelente, ¡y estoy decidida a conservarlo!"

Como le sucede a muchas mujeres de más de 35 años, mi cuerpo empezó a deteriorarse al ganar un poco de grasa y perder tono muscular. Pero yo pensaba que aún me veía "bastante bien". No creía que estuviera comiendo mal, y hacía ejercicio de vez en cuando. De pronto llegó la llamada que me despertó. Decidí aceptar el desafío de Bill; me pesé y me tomé la fotografía de "antes".

¡Caramba! Pesaba más de 75 kilos, y el verme en esa foto me motivó tanto que no puedo explicarlo. Se convirtió en la razón, el catalizador que tanto necesitaba.

Al principio no era capaz de distinguir entre una barra de pesas y una mancuerna. De hecho, no podía definir siquiera cuáles eran mis bíceps. No obstante al transcurrir las semanas aprendía cada vez más.

Las 12 semanas del programa pasaron rápido. Antes de que me diera cuenta, lo que en un principio fue un desafío se convirtió en una rutina. Las técnicas que Bill me enseñó se volvieron parte de mi vida. Ahora he perdido 12 kilos de horrible grasa y he ganado en tono muscular y fuerza. Finalmente conseguí un cuerpo excelente, ¡y estoy decidida a conservarlo!

Este programa ha enriquecido todos los aspectos de mi vida, optimizando mi matrimonio y haciéndome una mejor mamá y un modelo para mi hija de 10 años. Incluso me ha ayudado a reducir los síntomas del síndrome premenstrual. Siento que puedo lograr cualquier cosa que me proponga.

No es fácil combinar todas las demandas y presiones del trabajo, atender una familia y completar una transformación tan importante como esta, pero tampoco es fácil vivir en un cuerpo con el que no se está satisfecha. Alabo a todas las mujeres que tienen el valor de exponer sus defectos y la tenacidad para completar las 12 semanas del programa. Yo soy la prueba de que una mamá común y corriente de treinta y tantos años, que ha perdido ese atractivo de los veinte *puede* recuperarlo en cuanto se decida.

Kelly Adair
Edad: 36 años
Productora de radio
Omaha, Nebraska

"Mis pacientes me preguntaban qué estaba haciendo para verme tan saludable."

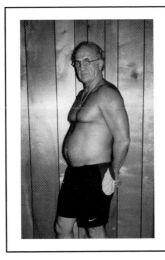

El tener que vivir un divorcio traumático me dejo emocional y fisicamente devastado, y la relación con mi hija no iba nada bien. Mi autoestima nunca había estado más baja, mi cintura más ancha y mi nivel de colesterol más elevado.

Entonces uno de mis pacientes dejó una copia de la revista de Bill en mi consultorio. Me sorprendí al ver las fotografías, impresionado por los increíbles resultados de los que ahí aparecían, y pensé que si ellos lo habían logrado, también yo podía. Era el momento de recuperar el control sobre mi vida.

Empecé a hacer ejercicio y a fijarme metas. Los cambios físicos y emocionales que ocurrieron en el primer mes fueron inspiradores, y comprendí que podía alcanzar mis metas. Terminé reduciendo mi grasa corporal del 25 al 8.5 por ciento. Mis amigos no podían creer en tal transformación. Mis pacientes me preguntaban qué estaba haciendo para verme tan saludable. Y lo más importante, la relación con mi hija adolescente empezó a prosperar. Incluso hacíamos ejercicio juntos.

Mi salud ha mejorado dramáticamente. El colesterol bajó de niveles peligrosos a saludables. Mi autoestima mejoró, tengo más energía y mi práctica médica nunca ha marchado mejor. Mi vida ha cambiado como resultado de este programa. Me he sentido muy atraído por el ejercicio, la nutrición y el papel que juegan los suplementos alimenticios en la salud, la condición física y la longevidad. Para el próximo año pienso incorporar a mi práctica estos principios "antienvejecimiento" aunados a mis propias experiencias.

Hoy en día me miro y experimento una sensación de orgullo. Me gusta realmente lo que veo. Recuerdo la canción de Bob Seger en "Lean and Solid Everywhere" (Delgado y sólido por todas partes), ¡sólo que no tengo 18 años como él, sino 60!

Jeffry Life
Edad: 60 años
Médico
Meshoppen, Pennsylvania

"Perdí 7 kilos y gané energía, tono muscular y confianza."

Realmente nunca antes había entendido que para sentirse bien en el interior, hay que cuidar el exterior. Después de todo, sólo contamos con nuestros cuerpos para vivir.

Pero para sentirse bien físicamente, una persona tiene que trabajar por ello y la mayoría no somos capaces de dar este paso y hacer semejante compromiso. Después de todo, ¿no trabajamos ya lo suficiente?

Al llevar a cabo este programa me di cuenta de lo importante que es decidir en qué se va a trabajar, en qué se invertirá el tiempo. Antes, yo estaba muy ocupada perdiendo la forma. ¡Ahora estoy ocupada volviendo a recuperarla!

Un verdadero desafío no es fácil de enfrentar. (Un "desafío fácil" sería una contradicción de términos.) Sin embargo, las recompensas y los beneficios de completarlo con éxito superan con mucho los tiempos difíciles que implica ese desafío.

Descubrí mucho acerca de mí, sobre mis fuerzas y debilidades. Experimenté el poder de mirar hacia el futuro y prometerme que lograría mis metas. Supe cómo quería que luciera mi cuerpo. Visualizaba ese cuerpo continuamente. Y ahora lo he logrado. Perdí 7 kilos y gané energía, tono muscular y confianza.

Como resultado de las últimas 12 semanas, he empezado a disfrutar del ejercicio y ahora comprendo lo que significa una nutrición apropiada. Estoy segura de que los entrenamientos no sólo me hacen lucir mejor, sino que también me hacen sentir mucho mejor.

Mi vida ha dado un giro total. Siento como si me hubieran despertado de una siesta de 24 años. Ahora sé lo fuerte que estoy, tanto física como mentalmente. Estoy fijándome y logrando metas en todas las áreas de mi vida. Me gustaría compartir esta sensación de fortaleza con los demás. Esta experiencia no sólo ha sido una transformación física, sino también de mi vida.

Amy Yarnell
Edad: 24 años
Reno, Nevada

Historias de éxito de la vida real

"He creado una mente, un cuerpo y una vida más fuertes."

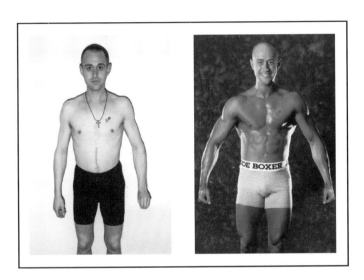

En años recientes parecía estar perdiendo el control sobre mi vida, como si estuviera en medio de una gran turbulencia a 10 000 metros de altura. ¿Ha experimentado la sensación de estar muerto de miedo?

Me diagnosticaron cáncer. Sólo tenía 28 años. No era justo. Tenía dos opciones: podía tirar la toalla o creer en mí al cien por ciento. Decidí que viviría; ese fracaso *no* había sido optativo. (Usé constantemente esas palabras como inspiración.)

El cáncer es "una enfermedad muy inteligente". El tipo de cáncer que yo padecía, llamado "tumor de células infectadas con elementos de seminoma presentes", circuló por todo mi cuerpo. Les tomó seis horas a los cirujanos extraer 36 nódulos linfáticos de mi abdomen y mi cavidad pectoral. Estuve confinado en una cama de hospital durante 23 días.

Pesaba sólo 56 kilos cuando empecé con el programa. Lo seguí y estaba ansioso de ver mi transformación. Después de 30 días había ganado 5 kilos. ¡Ya estaba dando resultados! Mi confianza aumentaba y me sentía más fuerte. Terminé ganando 12 kilos de músculo. Soy el vocero de la comunidad médica militar Kaiserslauttern y mis médicos y compañeros de trabajo apenas pueden creerlo.

Hasta ahora he vencido al cáncer. Me he enfrentado con la muerte para regresar a la vida y estar en mejor forma que nunca. También he adquirido una tremenda confianza en mí mismo.

Para mí, lo importante son los logros. He creado una mente, un cuerpo y una vida más fuertes.

¡Y este es sólo el principio!

Michael Tate
Edad: 29 años
Técnico medico (USAF)
Base aérea Rammstein, Alemania

ESTA EDICIÓN SE TERMINÓ DE IMPRIMIR
EL 31 DE ENERO DEL 2003
EN GRUPO EDITORIAL RAF, S.A.
ABASOLO No. 40
COL. STA. ÚRSULA COAPA
04650, MÉXICO, D.F.